張守中撰集

侯馬盟書字表新編

文物出版社

封面設計：程星濤
責任印製：陳　傑
責任編輯：蔡　敏

圖書在版編目（CIP）數據

侯馬盟書字表新編 / 張守中著．—北京：文物出版社，2017.1
ISBN 978-7-5010-4895-3

Ⅰ.①侯…　Ⅱ.①張…　Ⅲ.①侯馬盟書－研究　Ⅳ.①K877.54

中國版本圖書館CIP數據核字(2017)第016263號

侯馬盟書字表新編

張守中　撰集

出版發行者　文物出版社
北京市東直門内北小街2號樓
http://www.wenwu.com
E-mail: web@wenwu.com

印刷者　北京榮寶燕泰印務有限公司
經銷者　新華書店
二〇一七年七月　第一版
二〇一七年七月　第一次印刷
定價：八十圓

787×1092　1/16　印張：12.75
ISBN 978-7-5010-4895-3

目録

序

一九六五年底，山西侯馬發現晉國盟誓遺址，出土了大量盟書，這是中國考古學史上值得特書的一項大事。由於當時「文革」已是山雨欲來之勢，這批盟書的整理報告《侯馬盟書》一直要到一九七六年纔得出版問世，距今已有四十年了。《侯馬盟書》內涵豐富，體例完善，很快在有關學術界起了顯著的影響，特別是於古文字學界博得了廣泛的重視。

古文字學者重視侯馬盟書的出現，是有重要的理由的。中國的古文字，即今日漢字的前身，是五千年文明的的核心因素。殷商有甲骨文，西周有金文，人所共知，但是甲骨文出於契刻，金文成自鑄造，與當時的墨筆書寫，多少尚有一定差異。侯馬盟書則是春秋晚期，也就是老子、孔子、孫子等生活時代晉國人的直接手筆，對研究那一時代文字的特點和書法的風格，自然有特殊的價值。不過，盟書書寫於玉石之上，又長期掩藏地下，許多地方不夠明晰，這就有賴於盟書的摹寫，以及字表的編纂，而張守中先生在這些方面確實功不可沒。他對侯馬盟書所做摹寫鑽研的工作，對於盟書的研究是不可缺少的幫助，許多地方成為研究盟書文字的依據，是我們應當感謝的。

張守中先生精於書法，摹寫古文字尤其是他的特長。古文字學界早已熟諳他摹寫編著的戰國秦漢多種古文字文物的文字編，視為案頭所必備，其有裨於學術研究實非淺鮮，這是古文字學界同仁都知道的。現在他以多年苦心孤詣，又編出了《侯馬盟書字表新編》，當然是大家所歡迎的。

《侯馬盟書字表新編》之所以新，也就是其與原來字表不同，由張守中先生作出改進，更新的地方，據他自己在《新編》後記中說，主要有三點：「在體例方面，由以文字筆畫簡繁為序，改依《說文》部首為序」，這是遵從古文字文字編各書的通例，適合多數有關讀者的使用。在內容方面，「對重文的選錄，作了擴充」，這更有利於盟書文字結構的考察和書法的研究。不過在我看來，《新編》較之原表，最重要的改進之處，實在於張守中先生所述的第二點，即「吸收學界近四十年來新的研究成果」，這使《新編》能夠達到當前的學術水平，為大家提供更大的便利。

熟悉學術界情況的讀者都知道，自從《侯馬盟書》面世以來，四十年間研索考釋的論作層出不窮，從未止息，產生了許多新見解，提出了不少新問題。張守中先生的《新編》充分參考了這大量的訊息，作了細致謹慎的別擇，採納其中可取的部份。他這方面的辛勤，雖然沒有形諸論說的表達，卻在《新編》的許多地方體現出來。試以《新編》與原表一一對照，就容易看出來了。

當然，侯馬盟書的研究是相當困難的，儘管盟書的發現已過去幾十年，仍舊存在若干懸而未決的重要疑難問題，這一點突出在《新編》的存疑字部份。讀者一定會注意到，《新編》存疑字中有幾個字關係到對盟書的理解考釋非常關鍵。例如盟書中受祭的「某公大冢」，首字恐不是「晉」，我曾引用吳振武教授之說，以為從「茍（敬）」省，讀為「頃」；又如被貶責的「趙某」，後字我以為是「孤」，這些都有待進一步討論。至於盟書中惟一的曆日，舊釋「朏」的字當改釋「朔」，我曾有小文推算論及，（《侯馬、温縣盟書曆朔的再考察》，收入《夏商周年代學札記》，遼寧大學出版社，一九九九年），請大家批評。無論如何，張守中先生把這一類字列入存疑，是妥當的。

在推薦《侯馬盟書字表新編》之餘，我還想提到一九七九年發掘的温縣盟書。兩批盟書多有相似關聯之處，希望及早全部發表，促進有關的研究。

李學勤
二〇一六年十二月二十一日冬至

凡例

一　本編收録文字，選自文物出版社一九七六年出版的《侯馬盟書》圖版及摹本文字，分編爲單字合文存疑字三部分。

二　入選單字凡四百六十八字，重文三千零一十三字，分別部居略依許慎《説文解字》，凡説文已有之字，書眉首列説文篆文，次爲楷書釋文及盟書文字。説文所無之字，置説文各部之末，書眉用楷體隸定，盟書文字之下注說文所無。

三　本編入選合文五例，重文六十六例，存疑字二十七字，重十五字，置單字之後。

四　入選盟書文字均注明坑號及片號，或探方號及層位號；如「一六：三」表示該字出自第十六坑第三號片，「探八㊂：二」表示該字出自第八探方第二層之第二號片。

五　本編入選單字，均注明詞例或句例，文例中以「　」代替本字，「□」為不識或殘損之字，姓名用字注明人名或姓氏。

六　本編盟書文字的臨摹，一般較盟書原片文字略有放大，以方便閱讀。

七　卷後附檢字表，各字按筆畫簡繁排序，相同筆畫的字，按各字首筆之橫豎撇點折排序，以供檢索。

一 元 吏

一・一

侯馬盟書字表新編

張守中撰集

第一

一

一 一六：三 十又一月

一 八五：一三

一 九二：二三

元

丆 一六：三 敢用一

吏

吏 三：一 醜

吏 三：一〇

吏 三：一三

吏 三：一五

吏 三：一七

吏 一六：二〇

吏 八五：三

吏 八五：一〇

吏 八八：六

吏 一七九：二

吏 三：四

吏 三：五

吏 三：一二

吏 三：一四

祝

祝

兄 一六·一

兄 一五六·五

祝 三·二一 而敢不巫覡丨史

祝 三·二二

祝 三·二三

祝 三·二五

祝 一五六·二四

祝 一五六·二五

祝 一五六·二七

祝 一七九·一四

祝 三·二〇

祝 三·二四

祝 一八·二

祝 九一·五

祝 一五六·一九

祝 一五六·二六

⿰示亟

⿰示亟 三·一 明丨視之 說文所無

⿰示亟 三·二

⿰示亟 三·四

⿰示亟 三·七

⿰示亟 七七·一〇

⿰示亟 八八·二

⿰示亟 一八一·一

⿰示亟 一五二·一

祒 三 皇

[illegible] 三·九
[illegible] 一六·一〇
[illegible] 一六·三四
[illegible] 一六·三七

[illegible] 一五六·二
[illegible] 一九八·三
[illegible] 一五六·八

[illegible] 一五六·四
[illegible] 一五六·三
[illegible] 七七·七

祒 七七·四 說文所無 明丨覩之
祒 七七·九

三

三 一五六·七 丨宮

皇

皇 一六·三 丨君之所
皇 三·一九
皇 三·二〇
皇 一五六·二〇

皇 一五六·二一
皇 八·五
皇 二〇三·一〇

一·二
皇 一五六·一九
皇 一五六·二二
皇 一六五·二
三
皇 三·二二

王璧⿰王妥中

三·二六

玉

九二·四七 丨人名

一〇六·一

璧

一六·一三 丨人名

⿰王妥

一五六·二六 丨人名

說文所無

中

三·二六 晉邦之中

三·二七

一〇五·一

一〇五·二

三·二一

一五六·一九

一九四·一二

一九四·一一

中 一九五·八

一五六·二五

每  二〇〇·五八 | 人名

莆  三·一四 | 人名

蒐  六七·二八 | 人名  八五·二〇

茀  一·九一 | 人名

文十六 重七十

侯馬盟書字表新編

第二

少
- 九八：二一　丨人名

公
- 一六：三　口丨大冢
- 六七：六
- 六七：二
- 六七：二〇
- 六七：二一
- 六七：二三
- 六七：一
- 六七：五
- 六七：三四

余
- 一六：三　丨不敢
- 一：二

尚
- 六七：三　而丨敢或内室者
- 六七：九
- 六七：一〇
- 六七：二一

六七·一三　六七·三七　六七·四六　六七·五〇　六七·五七

六七·一　六七·二　六七·六

七七·九　丨人名　說文所無　九二·三八　九八·一六

一·二　敢不丨其腹心　說文所無　一·三　一·七　一·九

九八·三八　一·三六　一·四九　一·一〇五　一·二

二〇〇·一六　一五六·七

牛

一·四六　丨人名

一七九·八　丨人名　說文所無　一七·二

一九八·三 ｜人名

說文所無

嗌

八五·七 ｜人名

九二·四五

九八·一四

一九四·二

君

一六·三 皇｜口公

一六·三

一·一

一·四

一·五

一·八

一·九

三·二

三·一〇

一六·四

一五六·八

二〇〇·四

一·四〇

命

一五六·二 定宮平侍之｜

一·二

一·四

一·七

三·一

一·六六

一·八七

二·二

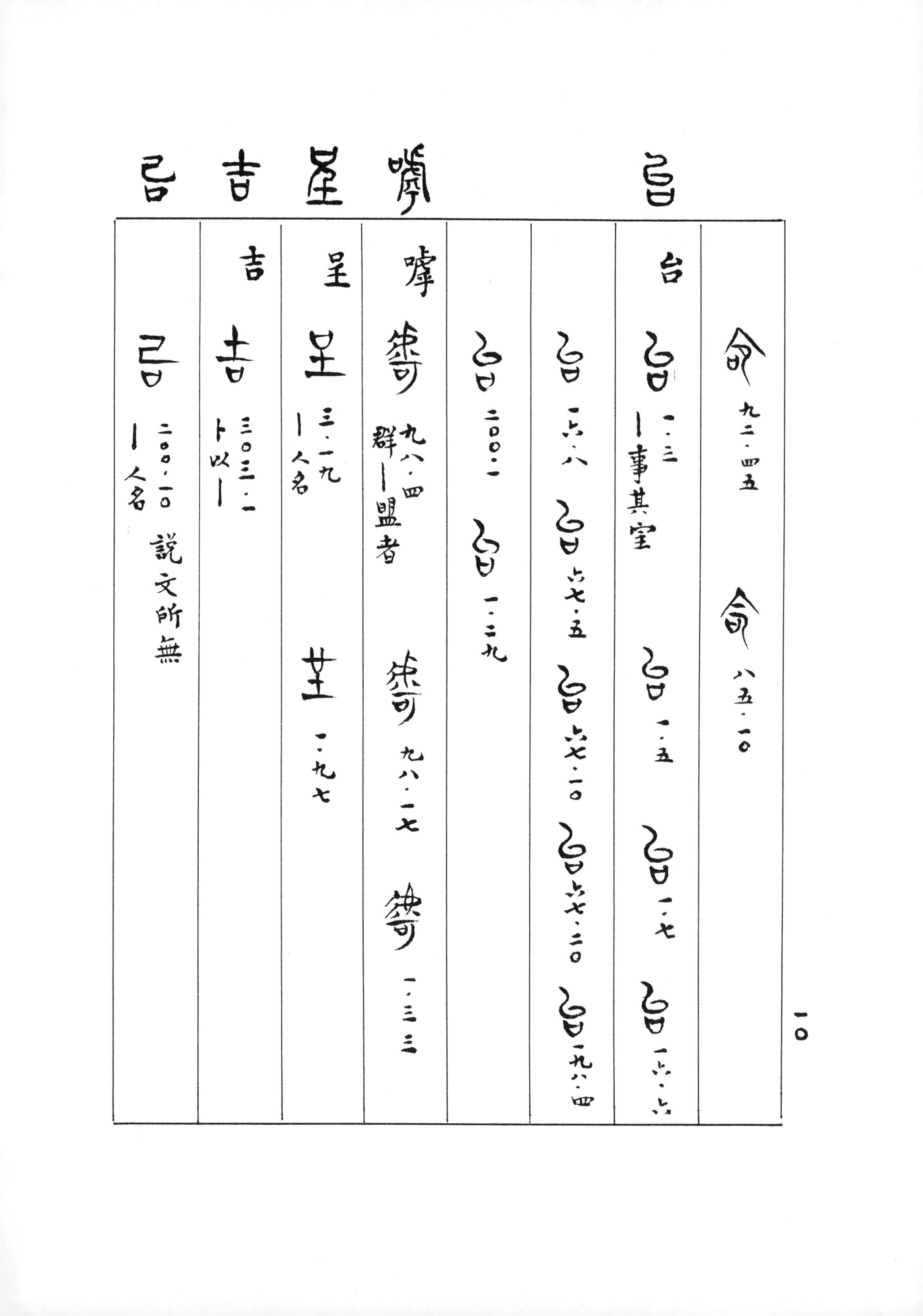

九二·四五
八五·一〇

台
一·三 |事其室
一·五
一·七
一六·六

一六·八
六七·五
六七·一〇
六七·二〇
一九八·四

二〇〇·一
一·二九

嘷
九八·四 群|盟者
九八·一七
一·三三

呈
三·一九 |人名
一·九七

吉
三〇三·一 卜以|

二〇〇·一〇 |人名 說文所無

咩

咩 一五六·二五 丨人名 說文所無

趧

一五六·一 丨人名

趙

一·二 丨姓氏

一·四

一·七

一九八·二二

一七九·五

一·一

一·二四

一·二六

一·一七

八八·六

一九五·二

二〇〇·一〇

一五二·二

九八·二

通

三·一 丨姓氏

三·四

三·六

三·一七

四九·二

一五六·二三

一九五·一

一九五·二

⿱⿰臣攴止 歸 ⿺走侖 ⿺走圭

⿺走甬 三·五 ⿺走甬 三·七 ⿺走甬 一六·一八 ⿺走甬 六·二 ⿺走甬 一五六·二五

⿺走甬 三·九 ⿺走甬 一五六·二 ⿺走甬 一五六·二六 ⿺走甬 一五六·二九

⿺走甬 九二·二 ⿺走甬 九二·二八

⿺走圭

⿺走圭 九二·二 丨人名

⿺走侖 九二·三 丨人名 說文所無

歸

歸 一·五一 丨姓氏

⿱⿰臣攴止 一·八二 明丨覡之 說文所無 ⿱⿰臣攴止 一·六 ⿱⿰臣攴止 二〇〇·一七 ⿱⿰臣攴止 八五·七

⿱⿰臣攴止 八五·七 ⿱⿰臣攴止 三六·二 ⿱⿰臣攴止 一五六·二〇 ⿱⿰臣攴止 二〇〇·一四

一九八·二 明丨覘之 說文所無
一七九·二

一九五·七 丨人名 說文所無

探八㊂·二 丨人名 說文所無

登
三·二三 丨姓氏
三·二五
三·二〇
三·二一

發
一五六·二〇 丨人名
一五六·二二

此
六七·二 敢不違從丨盟質之言
六七·三
六七·四
六七·八
六七·一九
六七·二
三五·五
六七·六

正

正

正 一三·一九 人名

正 一五六·二九

是

是

是 一五六·二 麻臺非是

是 三

是 一·四

是 一·五

是 一五六·四

是 一六·九

是 一五六·一九

是 一九四·二

是 一九四·二

是 探八⑤·一

是 一·一〇

是 一·一三

是 一·一四

是 二〇〇·三

是 三·一〇

違

違

違 六七·二 敢不違從此盟質之言

違 六七·二

違 六七·五

違 六七·六

違 六七·一〇

違 六七·三

違 六七·四

違 六七·二

違 六七·二七

違 六七·二一

二·五

徒	過	逆	遇	逢	通	迷	逞
徒 一·八四 ｜人名	過 六七·五四 ｜人名	逆 一五六·二 ｜人名	遇 一六五·一 ｜之行道	逢 三·二六 ｜之行道	通 一七九·二〇 ｜姓氏	迷 一·五三 ｜人名	逞 九二·六 ｜人名
徒 九八·二〇		逆 一九八·四					
徒 一五六·二二							

𨕥 道

三ㄅ·二六 遇之行丨

一五六·一九

一六·三

九二·二

一七九·二四

一六五·三

一六五·一

一五六·二四

一七九·一六

三·二五

一五六·三三

一五六·二一

一九四·二二

一五六·二六

一五六·二〇

九一·五

三·二三

⿺辶孚

一五六·二五 丨人名

說文所無

⿺辶亟

九二·二三 明丨魄之

說文所無

六七·二四

六七·五二

二〇〇·二四

二〇〇·三九

七五·三

⿺辶臽

一八·一 寓之行丨

說文所無

辵 復

𨓦 九八·二〇 ｜人名 說文所無

復

復 一·七六 ｜入之于晉邦之地
復 一六·七
復 一六·三七
復 七九·七

復 七九·一
復 九二·一
復 一九八·一三
復 二〇〇·二七
復 二〇〇·五三

復 二〇〇·六四
復 二〇〇·五三
復 八五·八
復 二〇〇·五四
復 三·八

復 三·二三
復 九八·二
復 一·一四
復 七七·二〇
復 一五六·四

復 三五·二
復 一·二九
復 一六·二
𨓦 二〇〇·四

𨓦 一六·二
𨓦 一六·二六
𨓦 八五·七
𨓦 二〇〇·三
𨓦 二〇〇·二二

𨓦 一二
𨓦 一·一五
𨓦 三·一〇
𨓦 三·一二
𨓦 三·一四

二·六

復一・九　復一五六・三　復一・五六　復一・七〇　復一六・三

復一・二五　復一・三三　復一六・八　復一六・二八　復八五・一〇

復一・六　復一・七　復一・一〇　復一六・三〇　復七五・六

復二〇〇・八　復三・一　復一六・二五　復九六・五　復一五六・二七

復八五・二　復六五・一　復一九四・四　復二〇〇・三五　復二〇〇・三六

復三・六　復八五・二二　復九一・五　復一七九・一四

復七五・七　復二〇〇・二〇

復三・二一　復八六・一　復九八・一六　復二〇〇・二六

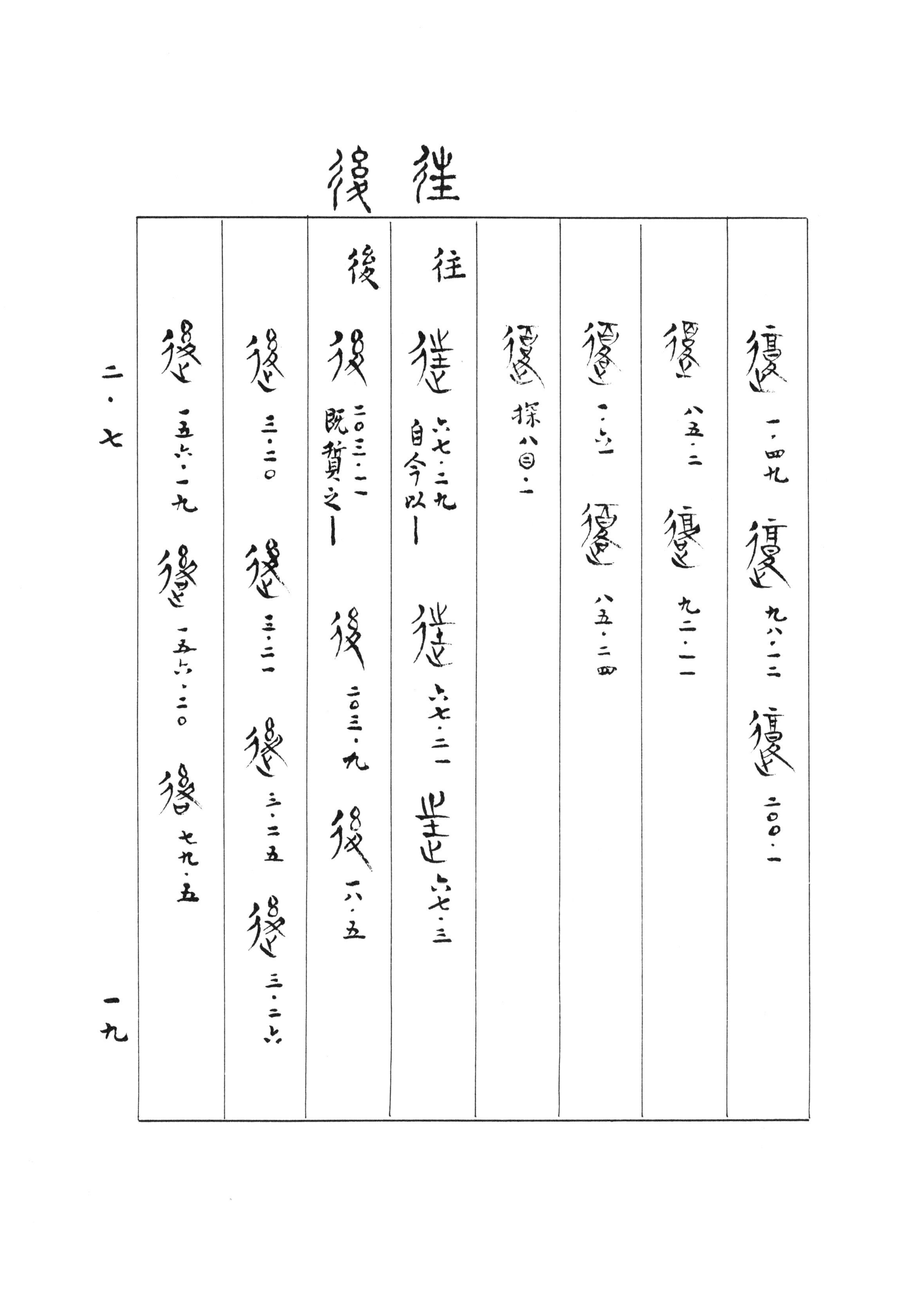

後 徃

一·四九
九八·二二
二〇〇·一

八五·二
九二·一一

一·六二
八五·二四

探八③·一

往

六七·二九 自今以｜
六七·二一
六七·三

後

二〇三·一一 既貞之｜
二〇三·九
一八·五

三·二〇
三·二一
三·二五
三·二六

一五六·一九
一五六·二〇
七九·五

二·七

待 徒 值 得 儀

待
一六·九 平|之命

徒
二〇三·九 麻|非是

九二·三四 |人名 說文所無

一五六·二三 |人名 說文所無
一五六·二二
一五六·二六

一五六·二七

三·二
一八·五
七九·三
八八·一三

一七九·一三
一七九·二〇
一八五·一
一八五·二

一·六三 |人名 說文所無

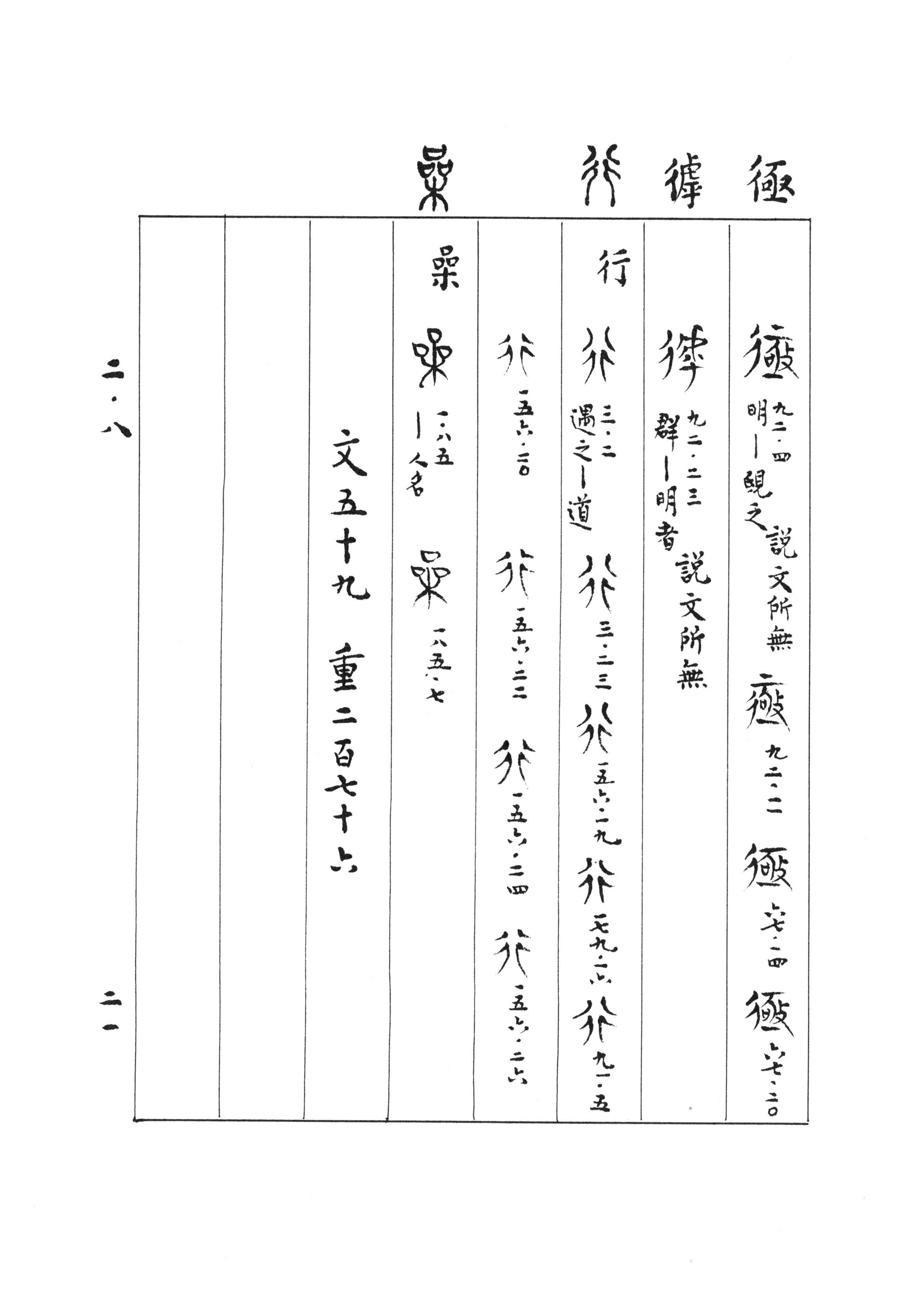

行 喿

徵 九二·四 明丨覞之 說文所無
九二·二
六七·二四
六七·二〇

九二·二三 群丨明者 說文所無

行
三·二 遇之丨道
三·二三
一五六·二九
一七九·一六
九一·五

一五六·二〇
一五六·二二
一五六·二四
一五六·二六

喿
一六五 丨人名
一六五·七

文五十九 重二百七十六

二·八

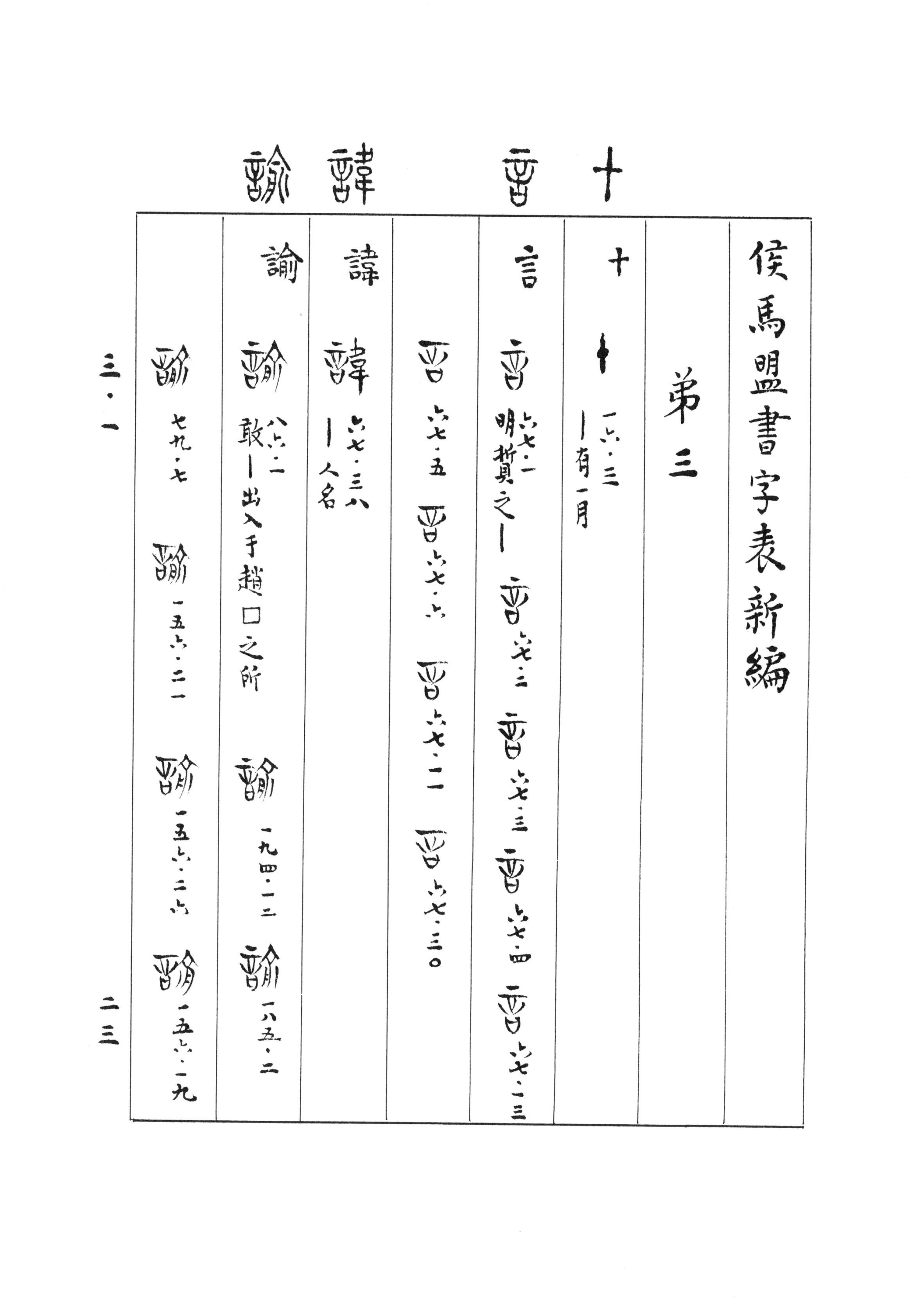

侯馬盟書字表新編

第三

十

一六·三 |有一月

言

六七·一 明（盟）質之|

六七·二

六七·三

六七·四

六七·一三

六七·五

六七·六

六七·一一

六七·二〇

諱

六七·三八 |人名

諭

八六·二 敢|出入于趙口之所

一九四·一二

一六五·二

七九·七

一五六·二一

一五六·二六

一五六·一九

三·一

一五六·二五
一五六·二七
七九·二
一七九·二三
一八五·一

三·二一
一九四·一一

詛

詛
一〇五·一
丨盤

⿱保言

一六五·七
丨人名
說文所無
二〇三·一〇
七九·一〇

一九四·一二
一五六·一九
一五六·二一

⿰言⿱水心

一五六·三〇
丨人名
說文所無

誁

一·八九
丨人名
說文所無

詨

一五六·二三
丨人名
說文所無
一五六·二四
一五六·二五
一七九·一四

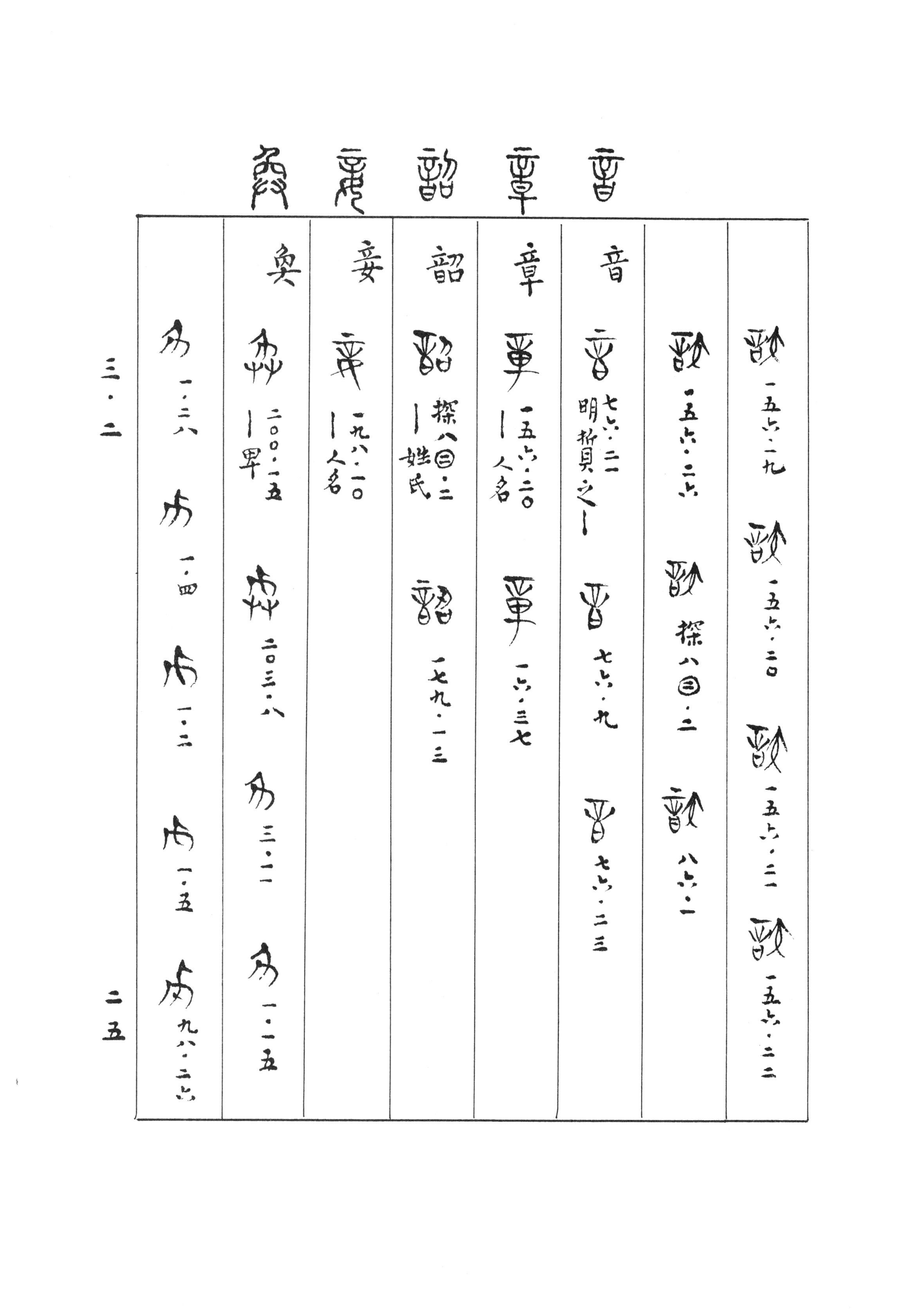

音 章 韶 妾 奐

三・二

一五六・二九
一五六・二〇
一五六・二二
一五六・二二

一五六・二六
探八③・二
八六・一

音
七六・二 明揩貝之|
七六・九
七六・二三

章
一五六・二〇 |人名
一六・三七

韶
探八③・二 |姓氏
一七九・一三

妾
一九八・一〇 |人名

奐
二〇〇・一五 |畢
二〇三・八
三・一一
一一・一五

一・二八
一・四
一・二
一・五
九八・二六

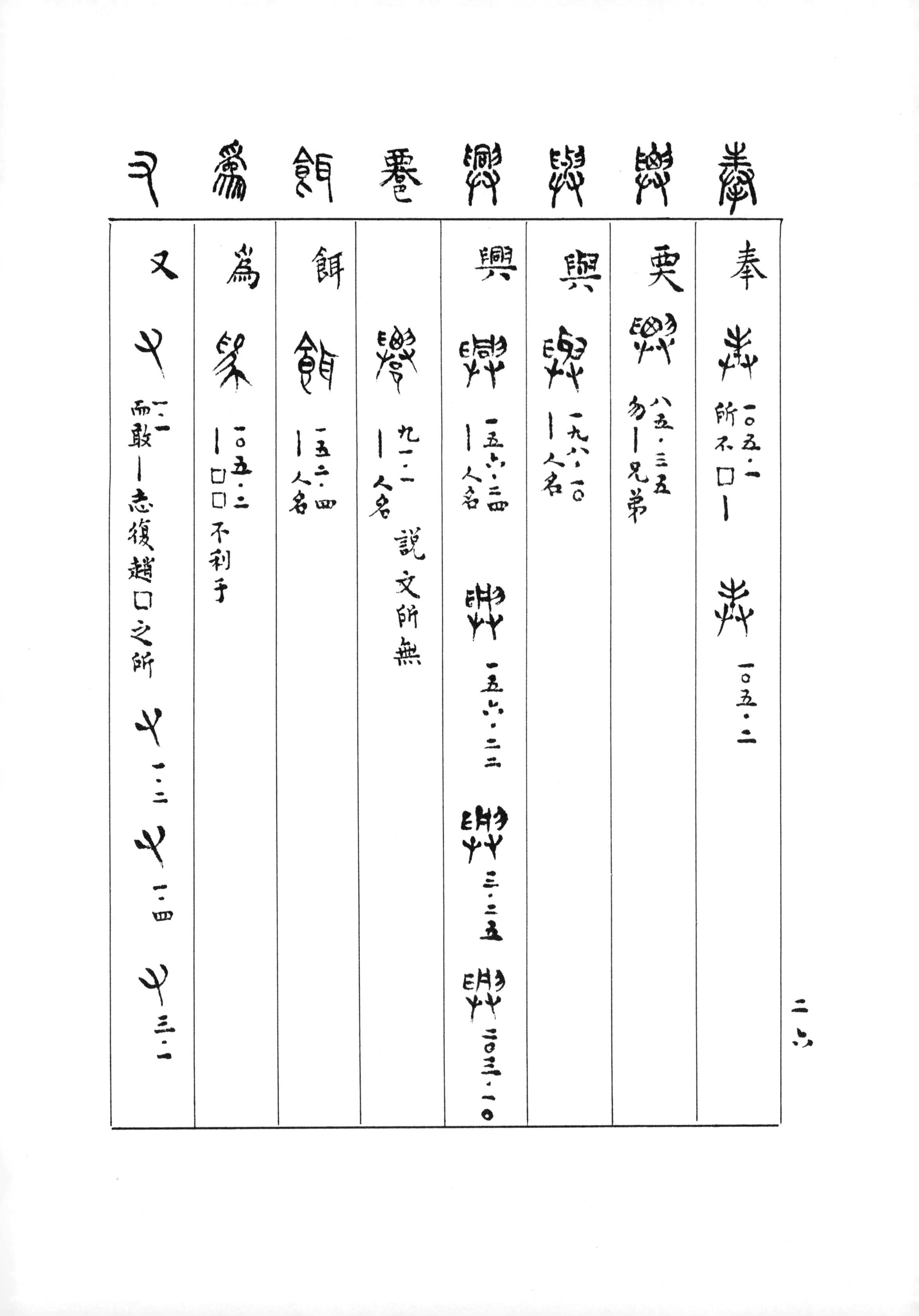

字	出處及辭例
奉	一〇五·一 所不□丨；一〇五·二
要	八五·三五 勿丨兄弟
與	一九八·一〇 丨人名
興	一五六·二四 丨人名；一五六·二二；三·二五；二〇三·一〇
	九一·一 丨人名 說文所無
餌	一五二·四 丨人名
爲	一〇五·二 丨□□不利于
又	一二·一 而敢丨志復趙□之所；一二·二；一二·四；三·一

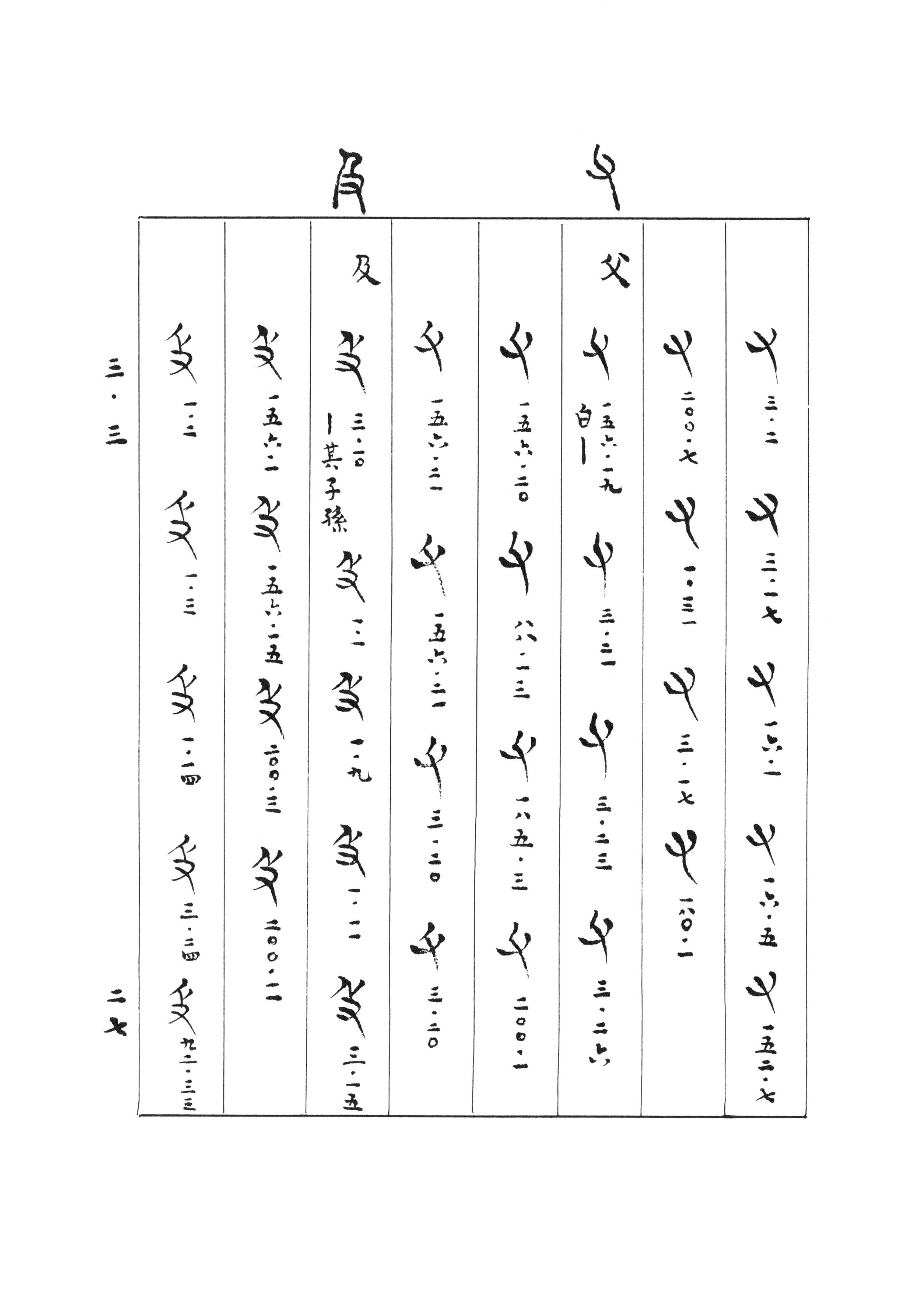

父　及

父
三·二　三·一七　一六·一　一六·五　一五二·七
二〇·七　一〇·三一　三·一七　二〇·一
一五六·一九 白｜　三·三　三·二三　三·二六
一五六·二〇　六八·一三　一六五·三　二〇〇·一
一五六·二一　一五六·二二　三·二〇　三·二〇

及
三·二〇 ｜其子孫　二　一·九　一·一　三·一五
一五六·二　一五六·一五　二〇〇·三　二〇〇·二
一·二　一·三　一·四　三·二四　九二·二三

一·一三　一·三〇　八五·二八　一五六·一五

一五六·四

友　八五·九　｜人名

[虘又]　一·七九　｜人名

卑　一五六·一　卑｜不守二宫者　一·二　一·三　一·五

一·三五　一·三六　七五·二　八五·二　八五·三

一·一七　三·一二　一六·三六　一九八·九

一九八·一六　二〇〇·五　二〇〇·七　三五·七

事

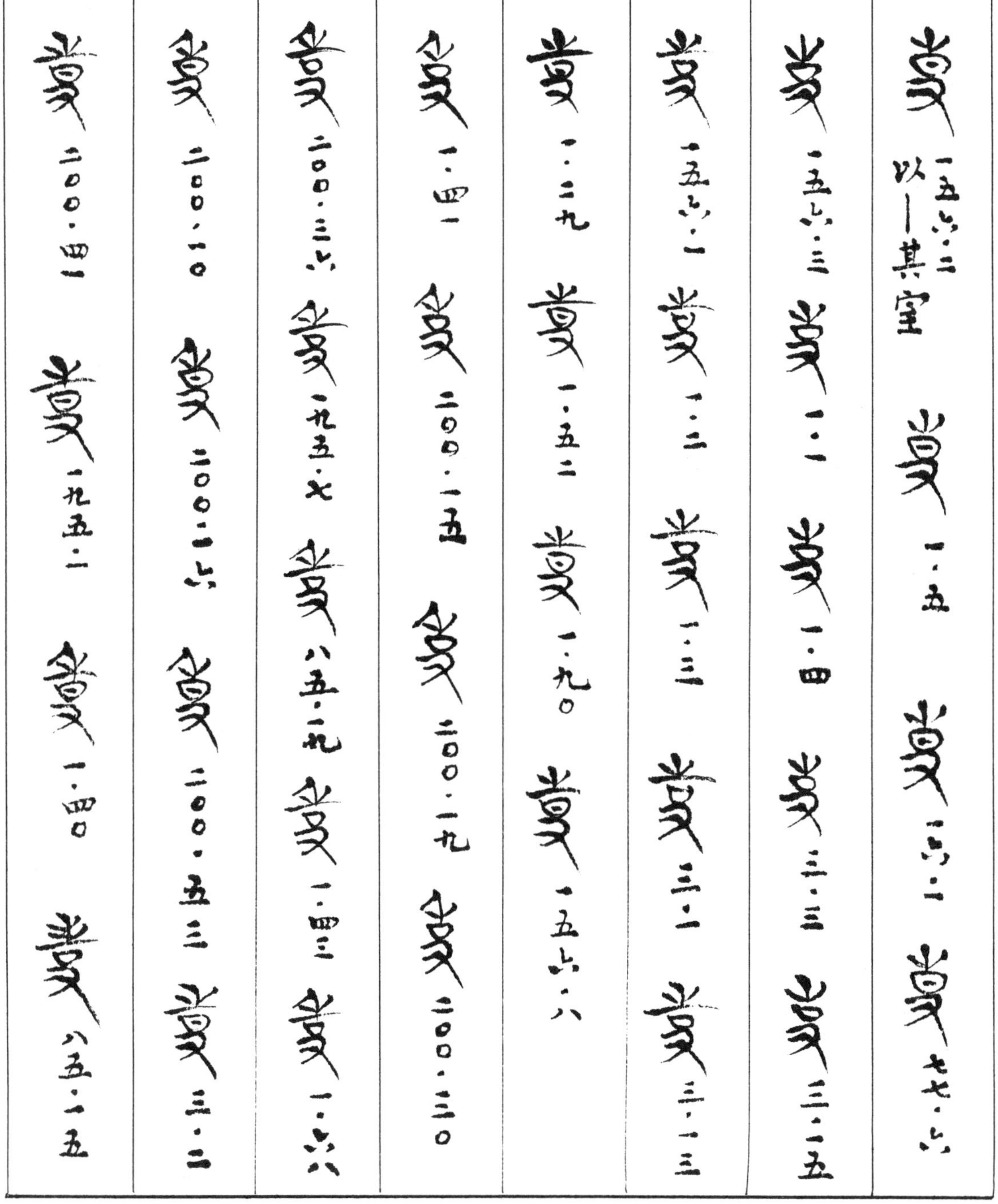

一五六·二 以—其室
一·五
二六·一
七七·六
一五六·三
一·一
一·四
三·三
三·一五
一五六·一
一·二
一·三
三·一
三·一三
一·二九
一·五二
一·九〇
一五六·八
一·四一
二〇〇·一五
二〇〇·一九
二〇〇·二〇
二〇〇·三六
一九五·七
八五·一九
一·四三
一·六
二〇〇·一〇
二〇〇·一六
二〇〇·五三
三·二
二〇〇·四一
一九五·一
一·四〇
八五·一五

聿
一·七八 敢不丨從嘉之明
一·一〇五
一六·二〇
一九四·三

𦘒
一·四〇 敢不丨從嘉之明
一·四一
一·四二
一六·二四

一五六·五
一九四·一
二〇〇·二八
探一二③·一

書
一六·三 不帥從韋丨之言

豎
一·九二 丨人名

臣
一五六·二三 丨人名
七七·二
一·八七
一·二

一五六·一九 丨人名
說文所無

殺
一五六·二二 弗丨
三·二六
一七九·二四
二〇三·一一

三·五

（續）三·二二　三·三三　一五六·二〇　一五六·二二　一五六·二四

寺

三·八 定宮平丨之命　九二·六　二〇〇·二八

政

三·二〇 丨人名　三·二二　三·二四　一·三八　一六·二五

七九·八　一五六·二三　一五六·二四　一五六·二五　一五六·二七

九二·二一　三·二五　三·二三

改

一·一九 而敢或敎丨　一·二　一·一五　三·一　三·二

一·二四　一·三二　一·三五　三·一五　一五六·一

二〇〇·一五　二〇〇·三三　一九四·四　九二·二〇

敿　寇　[廌攴]

敿

- 敿 三·一　|人名

寇

- 寇 九三·一　司|姓氏
- 寇 九六·八
- 寇 一五六·二七
- 寇 三·二〇
- 寇 三·二一
- 寇 三·二四
- 寇 一五六·一九
- 寇 一五六·二〇
- 寇 三·二三
- 寇 三·二五
- 寇 一五六·二四
- 寇 一九四·四
- 寇 一九四·一三
- 寇 一九五·四
- 寇 一九四·五
- 寇 一九五·七
- 寇 二〇三·一〇
- 寇 二〇三·八

[廌攴]

- [廌攴] 一五六·一九　說文所無　|綐繹之皇君之所
- [廌攴] 一五六·二三
- [廌攴] 一五六·二五
- [廌攴] 一五六·二六
- [廌攴] 一五六·二七
- [廌攴] 一五六·二二
- [廌攴] 七五·八
- [廌攴] 一七九·一六
- [廌攴] 一七九·一四
- [廌攴] 一七九·一三
- [廌攴] 三·二五
- [廌攴] 一五六·二一
- [廌攴] 一五六·二〇
- [廌攴] 一五六·二四

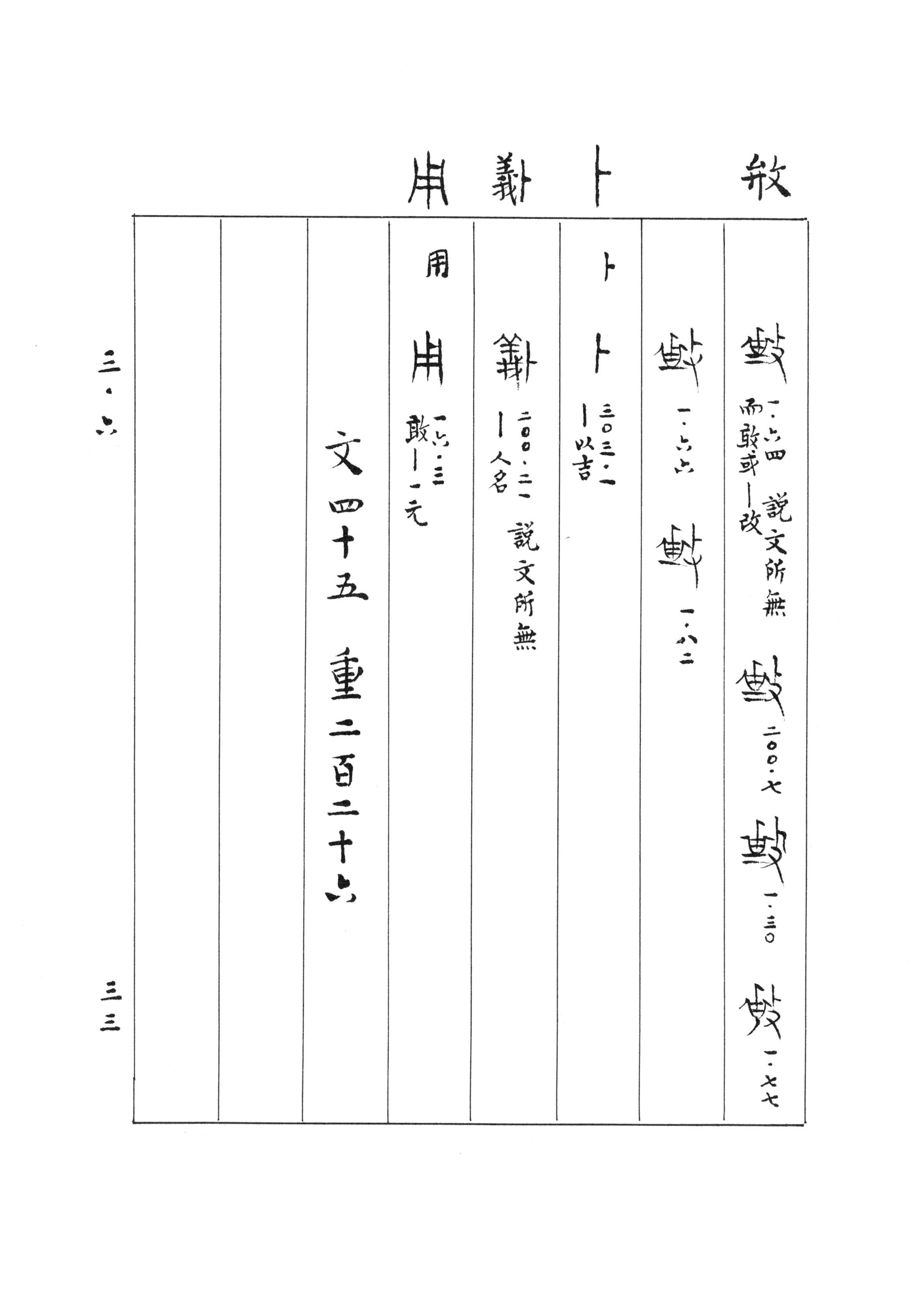

敍 卜 𢿂 用

敍 一·六四 而敢或丨改 說文所無 一·六六 一·八二 二〇〇·七 一·三〇 一·七七

卜 卜 三〇三·一 丨以吉

𢿂 二〇〇·二一 丨人名 說文所無

用 用 一六·三 敢丨一元

文四十五 重二百二十六

三日

侯馬盟書字表新編

第四

眚

九二·三九 「人名」

自

六七·一 「今以往」

三·二〇

三·二三

六七·九

六七·五六

二〇三·九

六七·二

六七·三

六七·五

六七·一五

六七·二五

一五六·二六

者

一五六·二 「不守二宮」

一五六·五

一五六·二〇

一·二

咎一·五　咎一五六·四　咎三·九　咎二〇〇·七一

咎一·二七　咎一·二九　咎一·三四　咎一·三六　咎三·一

咎一·四　咎一·二　咎一·一三　咎一·五四　咎一·八四

咎一·一　咎一·四　咎一·九　咎二〇〇·四一　咎一六·二一

咎一·八一　咎一·九一　咎一·二〇　咎一·三八　咎一·六七

咎一·二四　咎三·三三　咎一五六·七　咎二〇〇·三〇

咎八五·二八　咎八八·三　咎八五·一二

咎一九四·八　咎三·二二　咎七五·八　咎一九四·八　咎一九五·七

雝 羣 羣

三·一〇　九八·一〇　一九四·四　一·二九

一五二·二　一·六四

雍　三·二五　｜人名

群　一·二　｜虖明者　一·二　一·四　三·一七

一六·五　八五·二四　二〇〇·三

三·一〇　三·一二　一六·三四　八六·三　九二·四二

一·五　一·二六　三·一〇　三·二四　一五六·二

一·七　｜虖明者　説文所無　一·六　一·二五　三·七

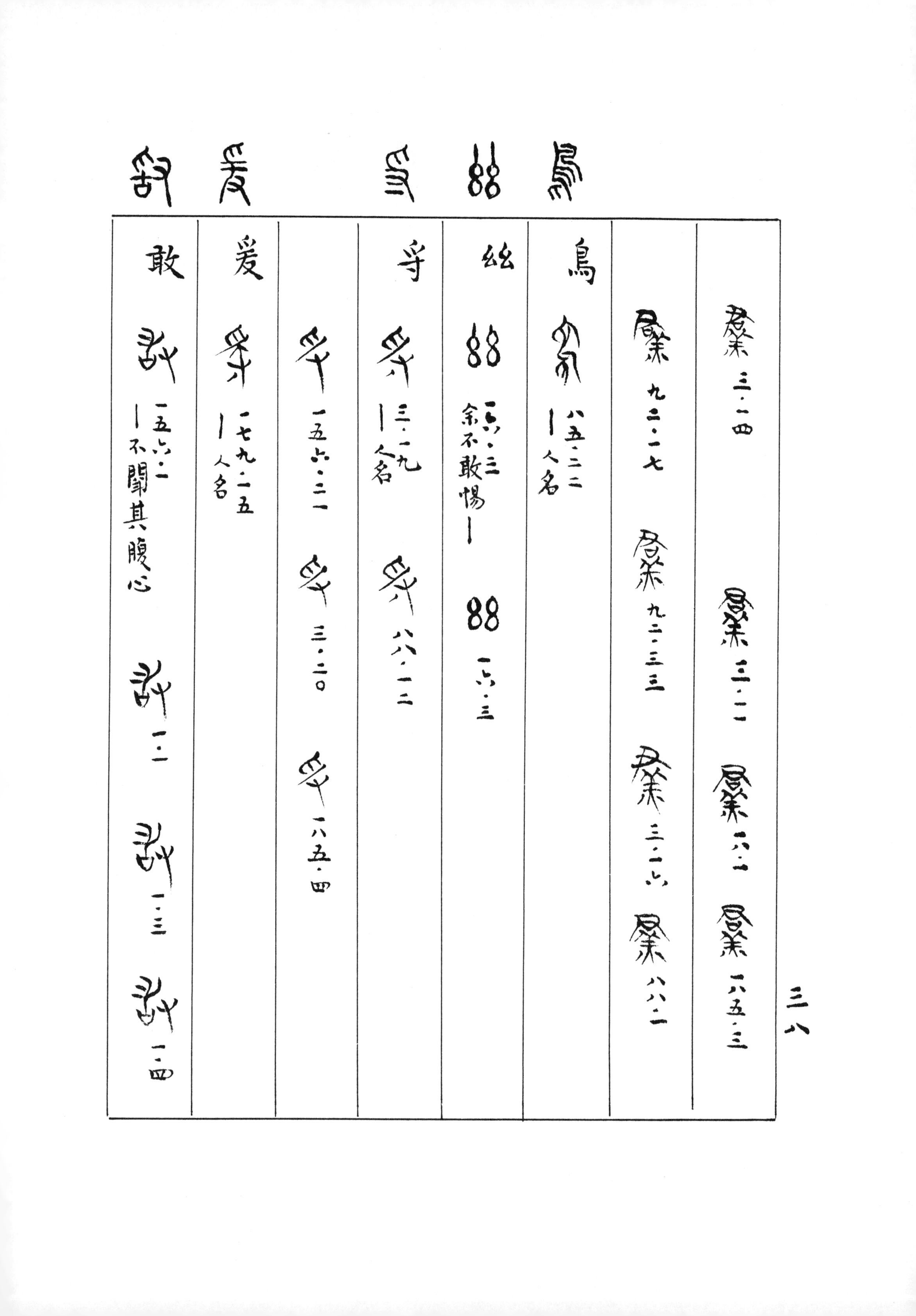

三·一四 三·一一 一六·一 一六五·三

九二·一七 九二·三三 三·一六 八八·二

鳥

八五·二二 ｜人名

丝

一六·三 余不敢惕｜

一六·三

寽

三·一九 ｜人名

八八·一二

一五六·二一

三·二〇

一八五·四

爰

一七九·一五 ｜人名

敢

一五六·二 ｜不闓其腹心

一·二

一·三

一·四

四·三

一·五
一·六
一·七

一·一三
一·一四
一五六·五
七九·七
八五·九

八五·一
八五·三
八五·三五
九二·二四

一·一九
一·二六
九三·二

三·一二
一·三一
一·七
八五·六

三·一四
三·一三
一·一五
三·四
三五·三

一五六·一三
三·一五
一·二〇
一九六·六

八五·八
九八·二
一七九·五
一九四·六
一·三一

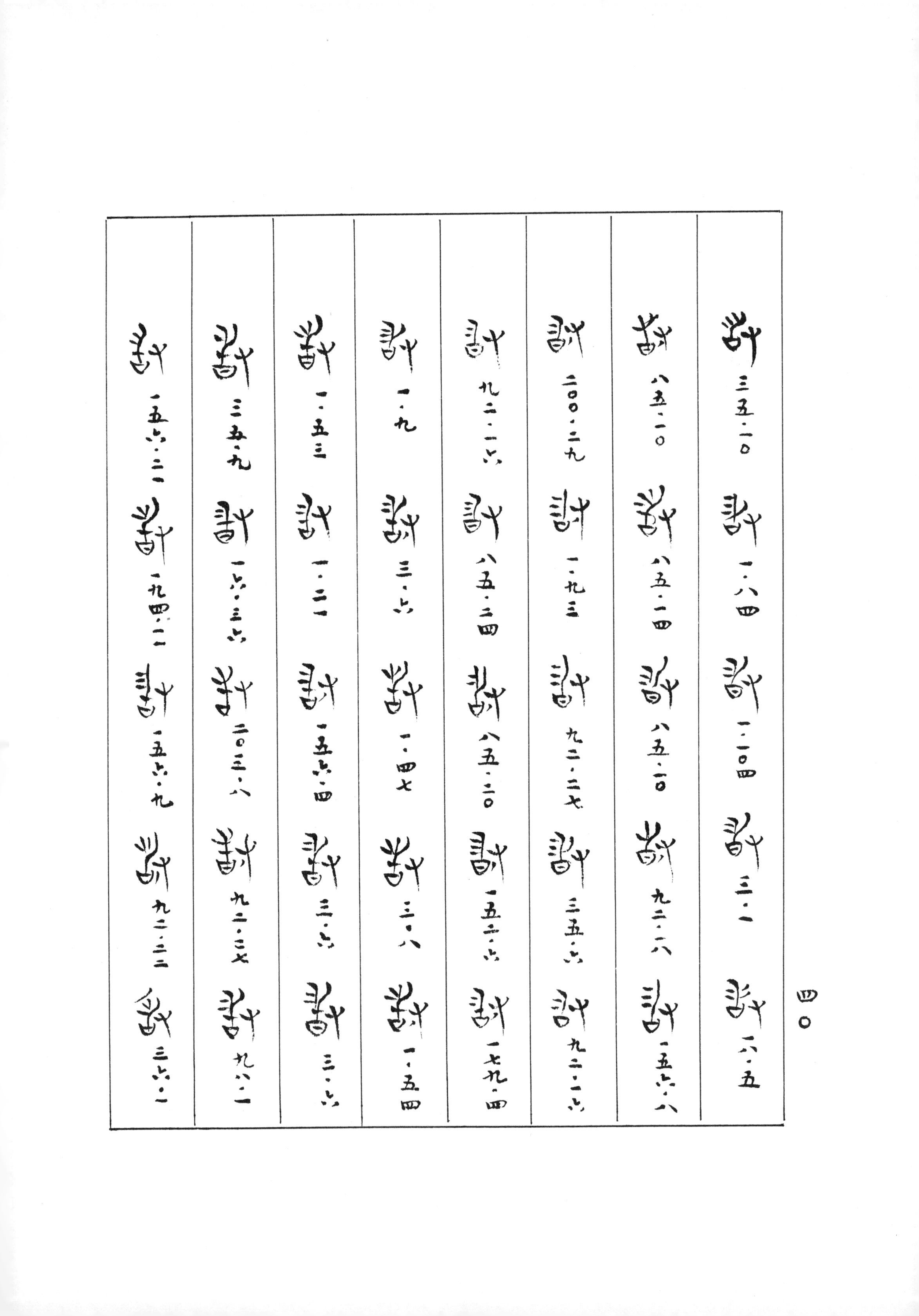

三五·一〇 一·八四 一·一〇四 三·一 一六·五

八五·一〇 八五·一四 八五·一〇 九二·一八 一五六·八

二〇〇·二九 一·九三 九二·二七 三五·六 九二·一六

九二·一六 八五·二四 八五·二〇 一五二·六 一七九·四

一·九 三·六 一·四七 三·八 一·五四

一·五三 一·二一 一五六·四 三·六 三·六

三五·九 一六·三六 二〇三·八 九二·二七 九八·一

一五六·二一 一九四·二一 一五六·九 九二·三二 三六·一

一六·一〇 七五·六 六七·二八 三·一四 一七九·一一

八五·二二 一·七八 一·一四 一·七八

一·九五 一九四·五 一九四·一〇

九二·二一 九二·一二 一五六·一九 一·五九 九二·一一

一五二·一 一九八·一九 二〇三·四 九二·六 九二·六

二〇〇·八 麻|非是 二〇〇·一一 二〇〇·二三

一六·二七 二〇〇·二

死

一七九·二八 衆人窓| 一〇五·三

四·四

腹

九二·二〇 敢不閛其一心 二〇〇·三三 一六·一五 三·九

一·二五 一·三一 一·四九 一·二二 一·八二

一六·二 二〇〇·二七 一六·三〇 一六·四 一五六·四

一·二一 一六·八 九二·一六 二〇〇·三一 一·三

三·八 九二·三五 一九八·二二 一九八·五 五〇·一

九二·二三 一五六·一 九二·二一 九八·四 九八·五

九八·一三 九八·一〇 一·八七 二〇〇·一六 一九八·二一

一六·六 三·一三 一六·七 一六·二二 一六·二八

四九·一 一五六·一五 一六·一三 一九八·一六

一·五九 二〇〇·一八 四九·二 三·一五 二〇〇·一

一五六·一六 一·四一 三·一 二〇〇·三六 九二·三三

一九八·一 一五三·一 一五六·一七 二〇〇·七一

二〇〇·一〇 一七九·一

肖

一五六·二九 | 姓氏 一五六·二三 一·一六 一·二四 一·三四

一·五三 一·九三 三·七 三·一九 一五六·一九

一九五·八 一九五·八

四·五

胄

二〇〇·二六

丨人名

隋

九六·一九

丨人名

利

一〇五·一

不丨于

一〇五·二

則

一五六·一九

丨永盈覞之

三·一九

三·二〇

三·二一

一五六·二〇

一八五·一

一八五·二

一八五·三

一七九·一三

三·二八

一九四·一二

一八五·四

角

二〇〇·二〇

丨人名

⿱戠角

一五六·二三

丨人名

三·二

一七九·一四

二〇三·一

 三·二三  二〇三·八  八六·一  八八·一三  一九四·四

 一五六·二七  九八·二八  一五六·二〇  一五六·二二

 一九四·二  一九五·七

 三·二〇  三·二五  一五六·二四  一五六·二五  一九四·二三

 一五六·二二  九一·五  一八五·二  一八五·二

 一九五·二

文二十一 重二百九十六

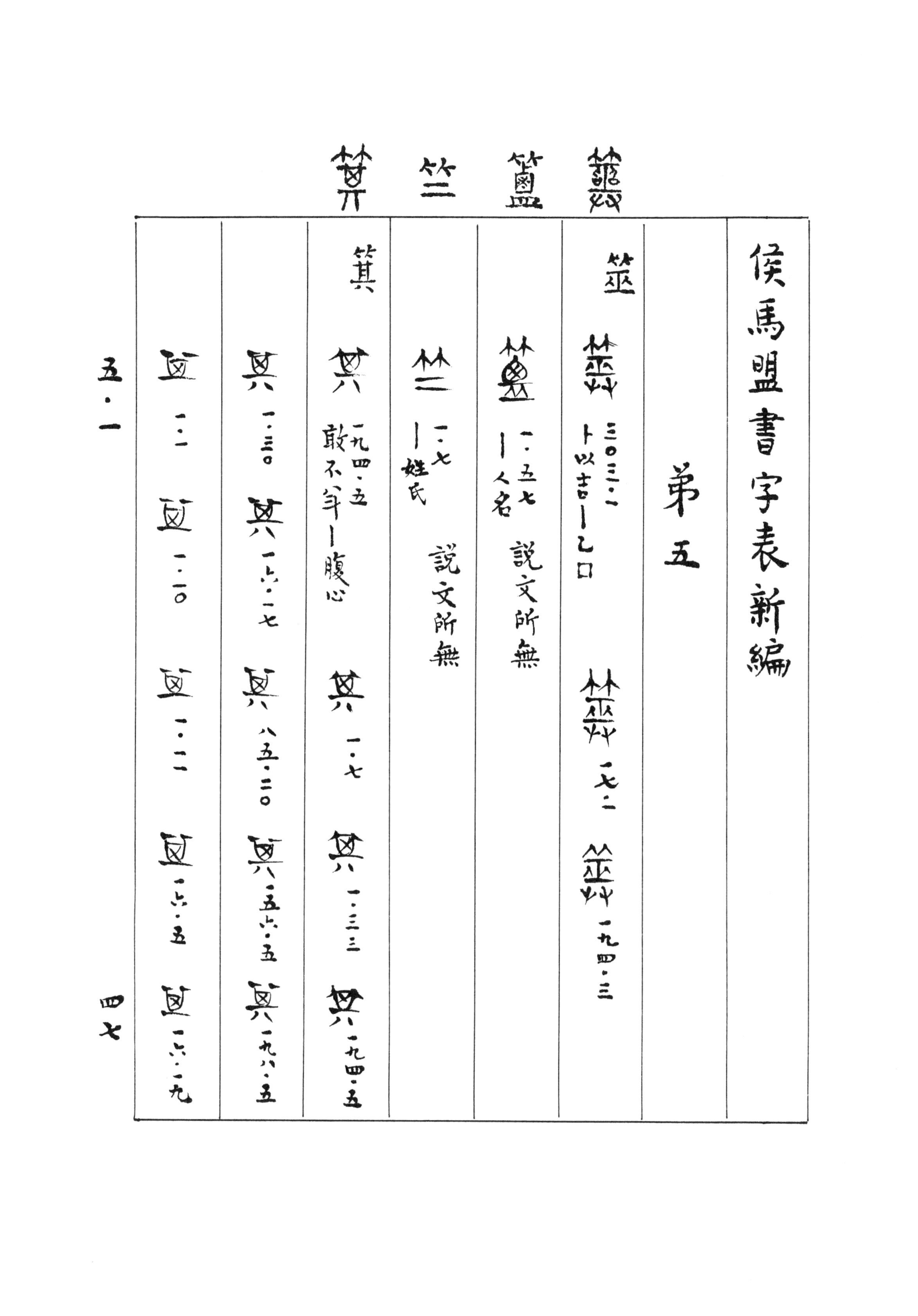

第五

筮		竺	箕		
三〇三：一 卜以吉｜乙口	一：五七 ｜人名	一：七 ｜姓氏	一九四：五 敢不半｜腹心	一：三〇	一：二
一七二	說文所無	說文所無	一：七	一六：一七	一：一〇
一九四：三			一：二三	八五：二〇	一：一一
			一九四：五	一五六：五	一六：五
				一九八：五	一六：一九

五・一

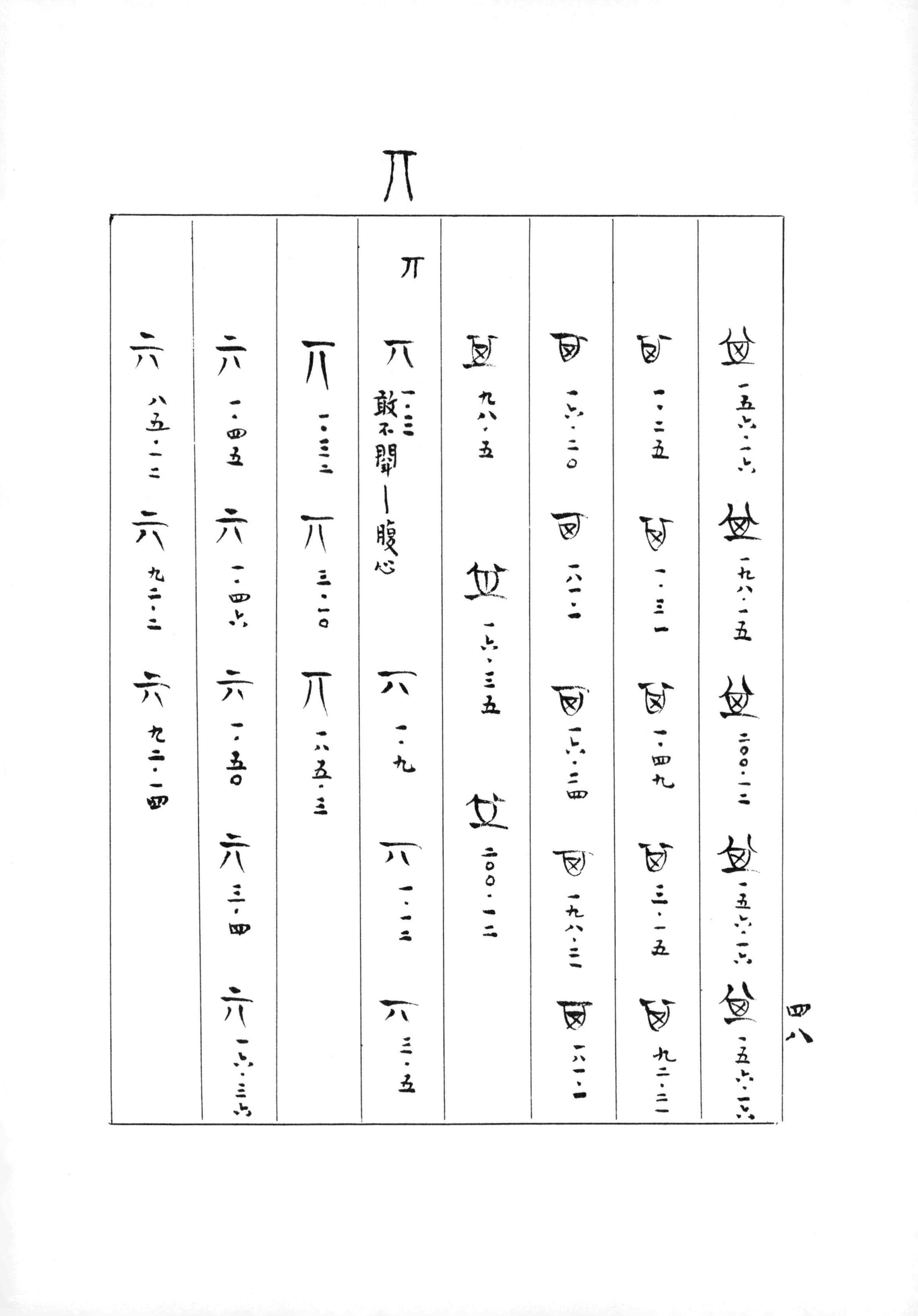

丌

— 一五六·一六
— 一九八·一五
— 二〇〇·一二
— 一五六·一六
— 一五六·一六

— 一·二五
— 一·三一
— 一·四九
— 三·一五
— 九二·三

— 一六·二〇
— 一八一·一
— 一六·二四
— 一九八·三
— 一八一·一

— 九八·五
— 一六·三五
— 二〇〇·一二

丌

六 一·三 敢不闢丨腹心
六 一·九
六 一·一二
六 三·五

丌 一·三三
丌 三·一〇
丌 一八五·三

六 一·四五
六 一·四六
六 一·五〇
六 三·四
六 一六·三六

六 八五·一二
六 九二·三
六 九二·一四

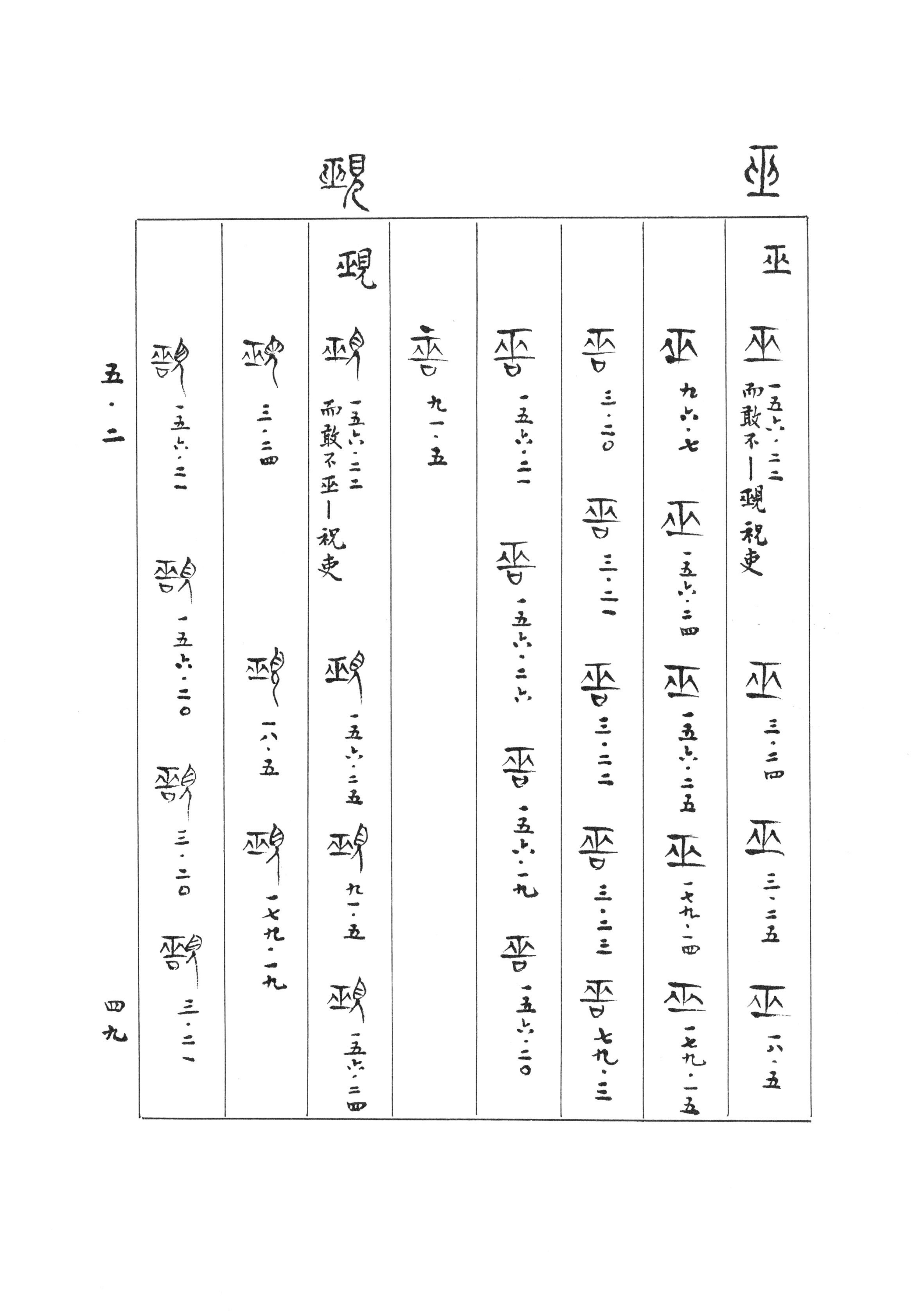

五·二

巫

巫

- 一五六·二二 而敢不一覡祝吏
- 三·二四
- 三·二五
- 一八·五

- 九六·七
- 一五六·二四
- 一五六·二五
- 一七九·一四
- 一七九·一五

- 三·二〇
- 三·二一
- 三·二二
- 三·二三
- 七九·三

- 一五六·二一
- 一五六·二六
- 一五六·一九
- 一五六·二〇

- 九一·五

覡

覡

- 一五六·二二 而敢不巫一祝吏
- 一五六·二五
- 九一·五
- 一五六·二四

- 三·二四
- 一八·五
- 一七九·一九

- 一五六·二一
- 一五六·二〇
- 三·二〇
- 三·二一

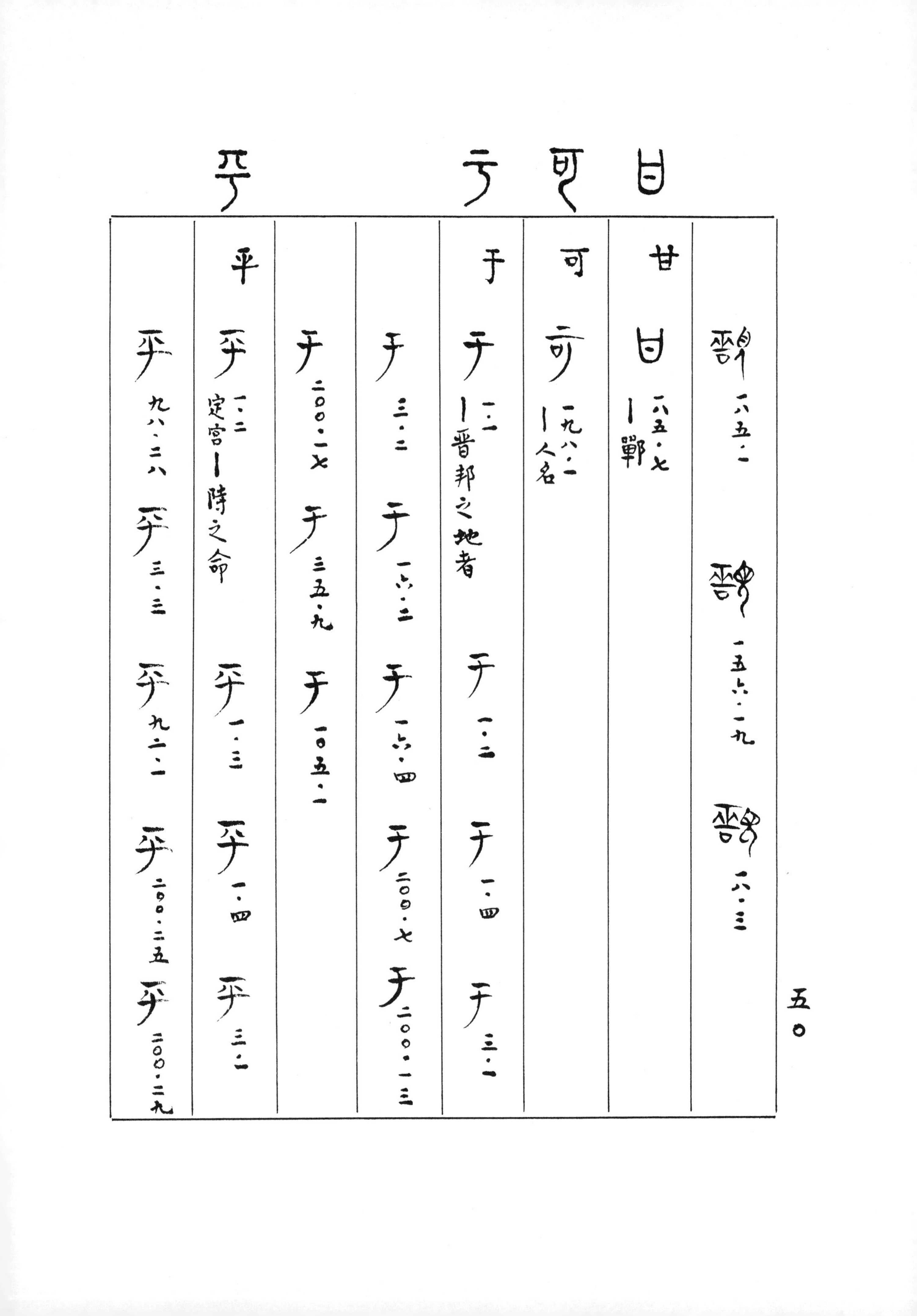

甘

一六五·一

一五六·一九

一六·三

甘

一八五·七 丨鄲

可

一九八·一 丨人名

于

一·二 丨晉邦之地者

一·二

一·四

三·一

三·二

一六·三

一六·四

二〇〇·七

二〇〇·一三

二〇〇·一七

三五·九

一〇五·一

平

一·二 定宮丨陟之命

一·三

一·四

三·一

九八·二八

三·三

九二·一

二〇〇·二五

二〇〇·二九

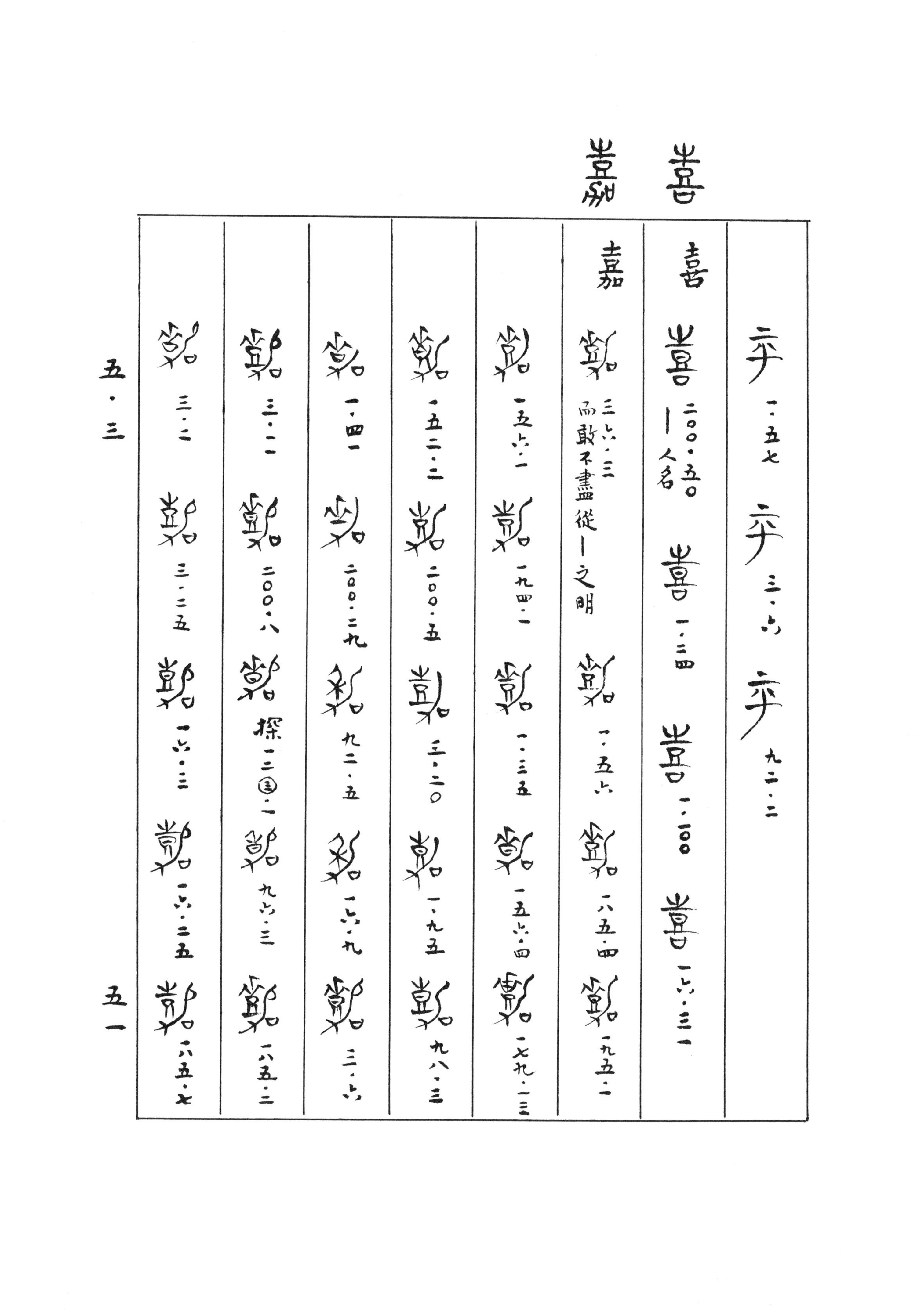

喜 嘉

一·五七 三·六 九二·二

喜
二〇〇·五〇 |人名 一·二四 一·一〇 一六·三一

嘉
三六·三 而敢不盡從|之明 一·五六 一八五·四 一九五·一

一五六·一 一九四·一 一·三五 一五六·四 一七九·一三

一五二·二 二〇〇·五 三·二〇 一·九五 九八·三

一·四一 二〇〇·二九 九二·五 一六·九 三·六

三·一 二〇〇·八 探一二③·一 九六·三 一八五·二

三·二 三·二五 一六·三 一六·二五 一八五·七

五·三

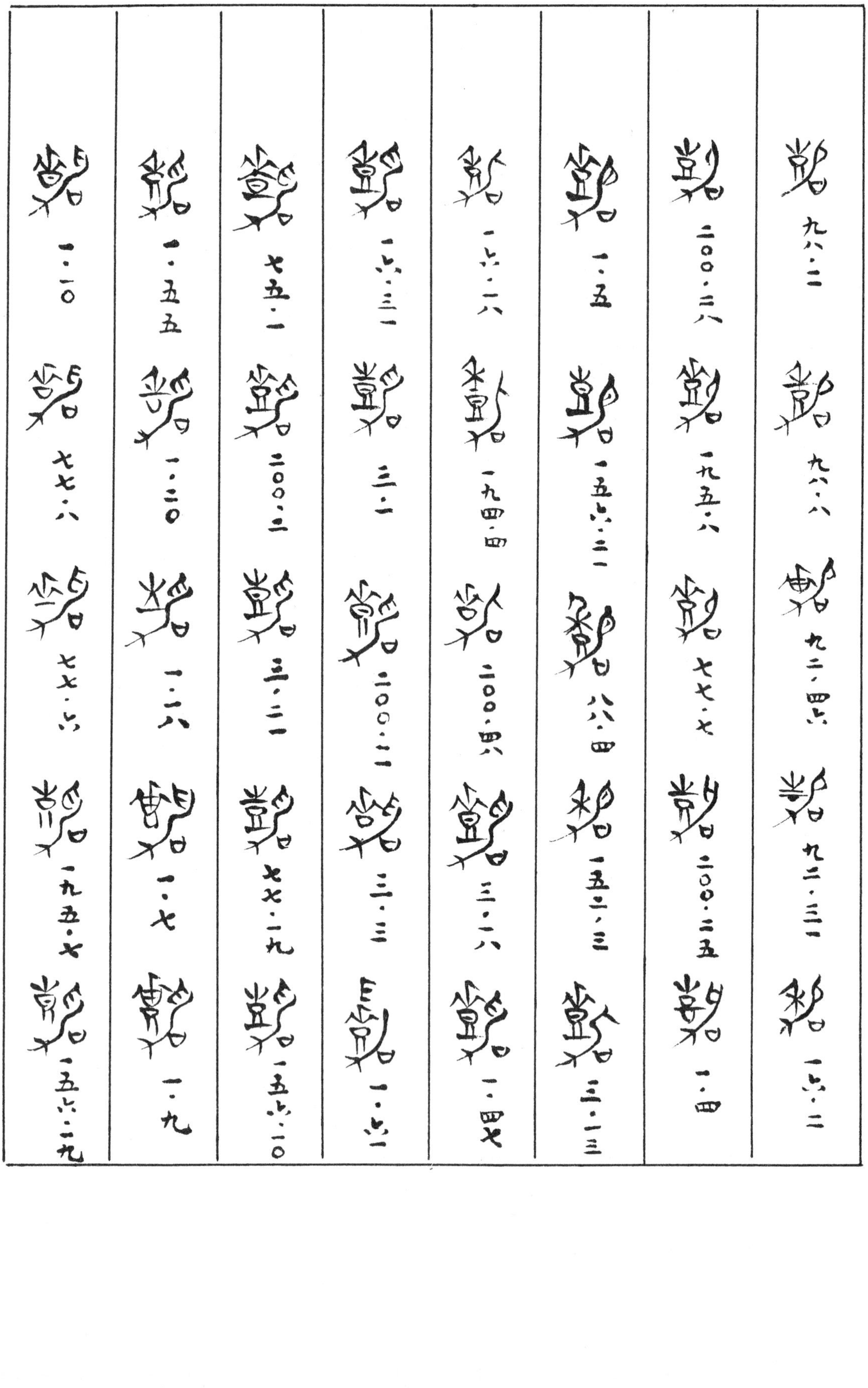
九八·二
九八·八
九二·四六
九二·三一
一六·二
二〇〇·三八
一九五·八
七七·七
二〇〇·二五
一·四
一·五
一五六·三一
八八·四
一五二·三
三·一三
一六·一八
一九四·四
二〇〇·四六
三·八
一·四七
一六·三一
三·一
二〇〇·一一
三·三
一·六一
七五·一
二〇〇·二
三·二
七七·一九
一五六·一〇
一·五五
一·二〇
一·一八
一·七
一·九
一·一〇
七七·八
七七·六
一九五·七
一五六·一九

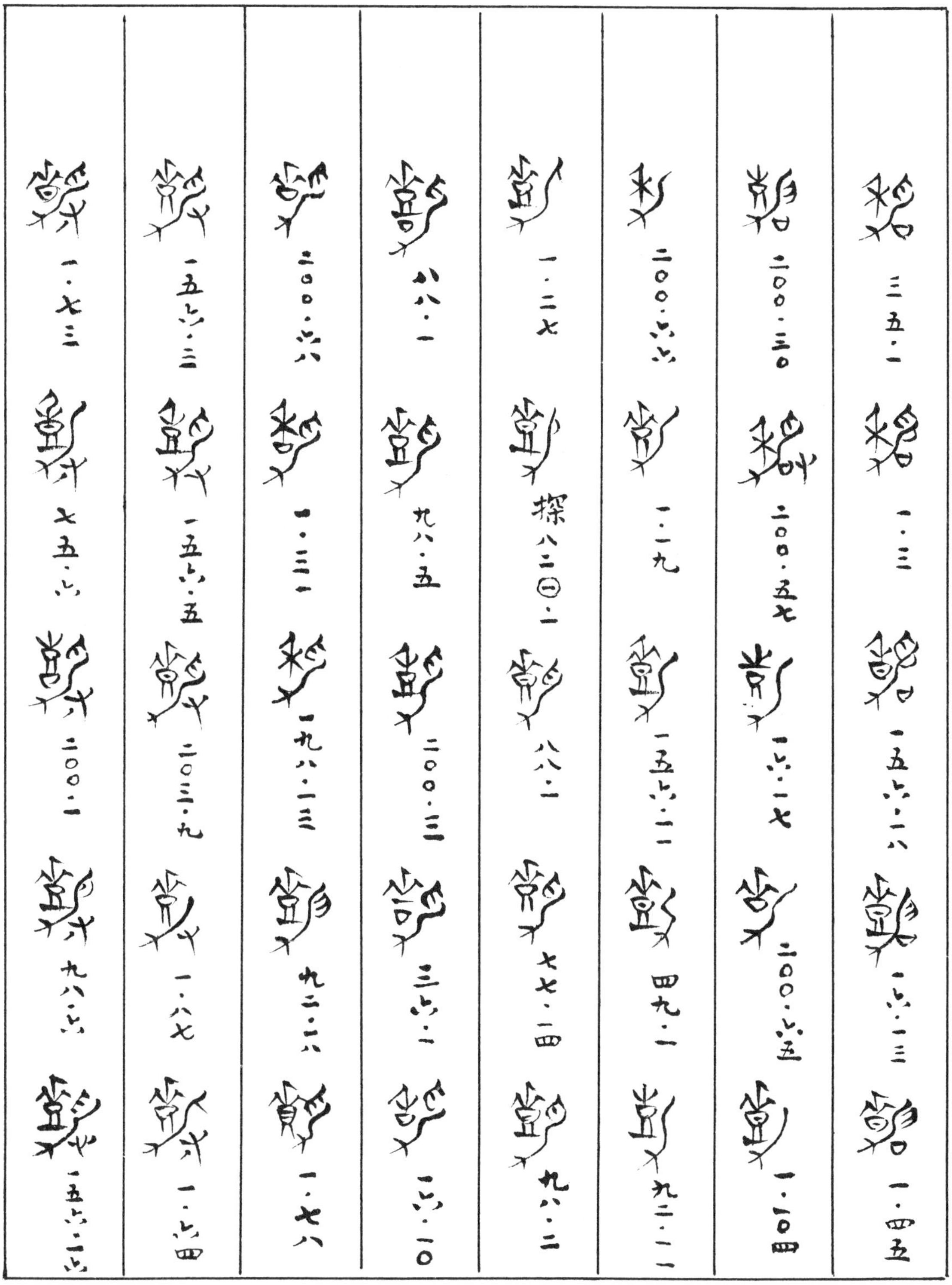
三五・一
一・三
一五六・一八
一六・一三
一・四五
二〇〇・二〇
二〇〇・五七
一六・一七
二〇〇・六五
一・一〇四
二〇〇・六六
一・一九
一五六・一一
四九・一
九二・一一
一・一七
探八二(一)・一
八八・一
七七・一四
九八・二
八八・一
九八・五
二〇〇・三
三六・一
二六・一〇
二〇〇・六六
一・三一
一九八・一三
九二・一八
一・七八
一五六・三
一五六・五
二〇三・九
一・八七
一・六四
一・七三
七五・六
二〇〇・一
九八・六
一五六・一六

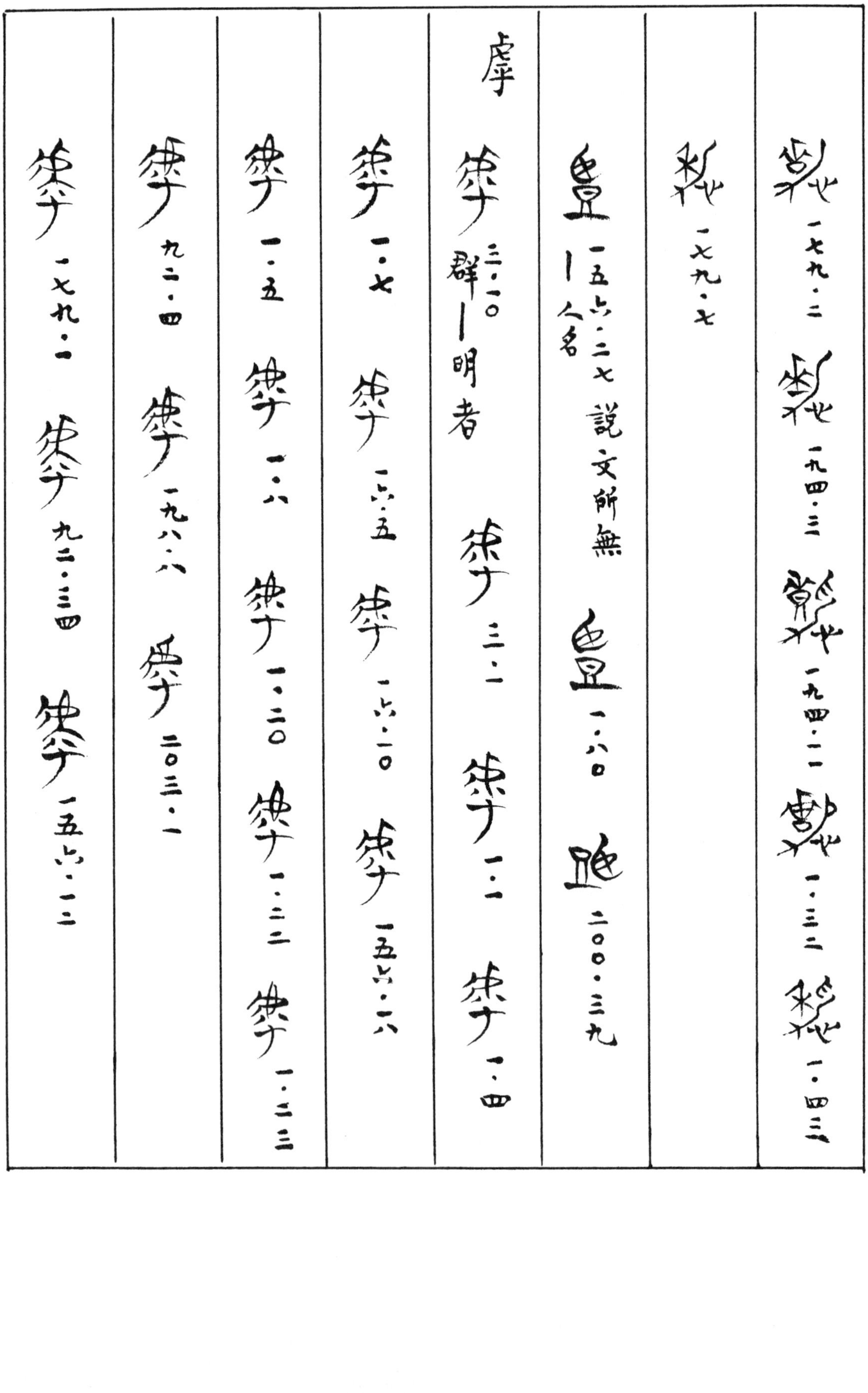
一七九·二
一九四·三
一九四·一
一·三二
一·四三
一七九·七
一五六·二七 ｜人名 說文所無
一·八〇
二〇〇·三九
虖
三·一〇 群｜明者
三·一
一·二
一·四
一·七
六·五
六·一〇
一五六·六
一·五
一·六
一·二〇
一·二二
一·二三
九二·四
一九八·八
二〇三·一
一七九·一
九二·三四
一五六·一二

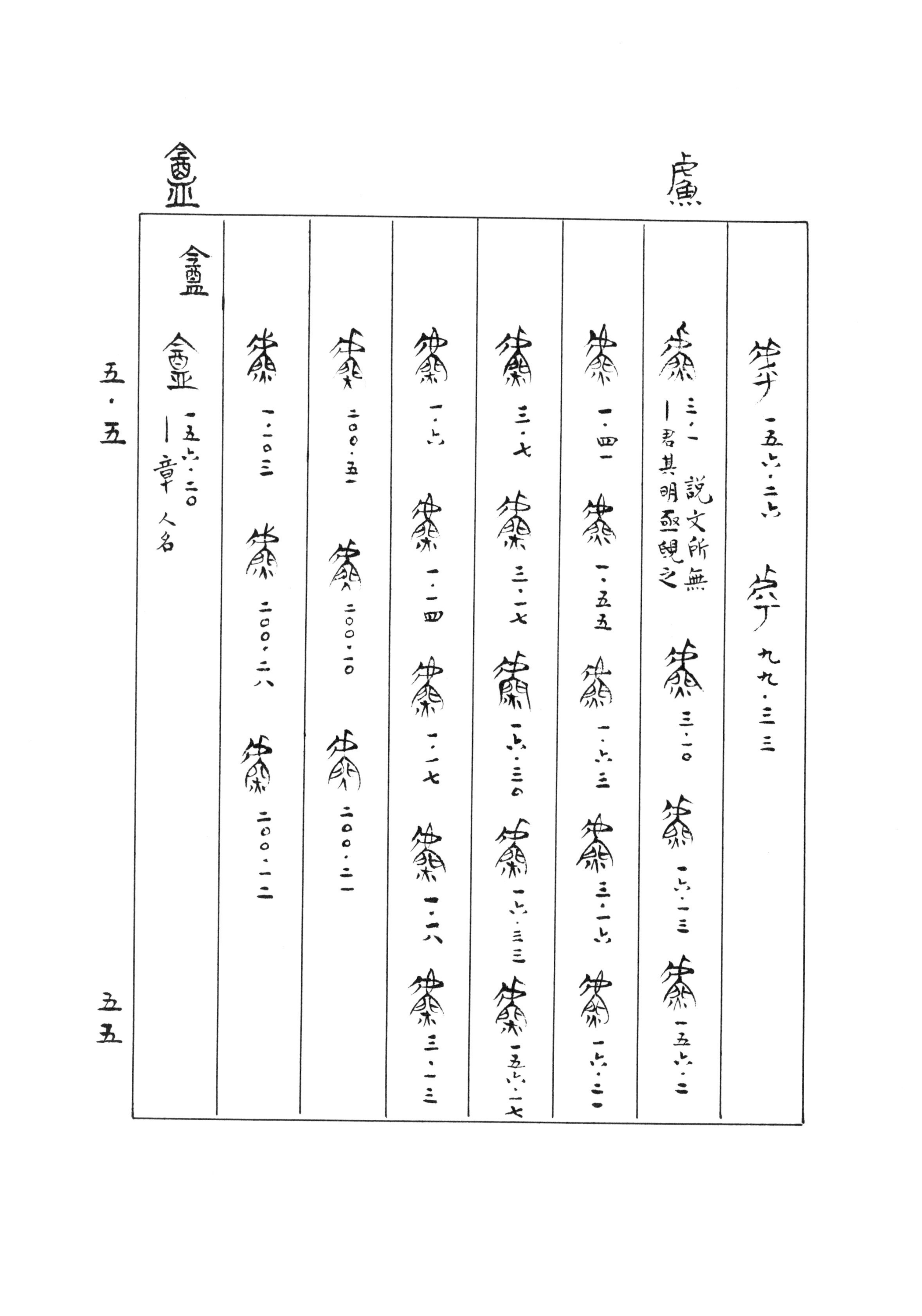

五·五

⿸虍魚

五六·二六　九九·三三

三·一 說文所無 ｜君其明亟覗之　三·一〇　一六·一三　一五六·二

一·四一　一·五五　一·六三　三·一六　一六·二一

三·七　三·一七　一六·三〇　一六·三三　一五六·一七

一·六　一·一四　一·一七　一·一八　三·一三

二〇〇·五一　二〇〇·一〇　二〇〇·二一

一·一〇三　二〇〇·二八　二〇〇·一二

⿳金酉皿

一五六·二〇 ｜章 人名

盡

盡

盡 三·二 敢不丨從嘉之明

盡 三·三

盡 一·九

盡 一·一六

盡 一·五

盡 一六·九

盡 九二·一

盡 九二·六

盡 一五六·一七

盡 一·三一

盡 一·五五

盡 一六·一六

盡 一六·三一

盡 二〇〇·三

盡 一·四

盡 一·一二

盡 三·四

盡 三·七

盡 一六·一

盡 一·二

盡 一·一八

盡 三·一五

盡 三·一七

盡 二〇〇·一五

盡 一·三

盡 二〇〇·一

盡 一·七

盡 一五六·一五

盡 二〇〇·一八

盡 二〇〇·二九

盡 二〇〇·五一

盡 二〇〇·五七

盡 祜 黜 卹 盇

盡 一·三七	盡 一·三二	盡 二〇〇·五七	一六·五 人名 說文所無	九八·二二 人名 說文所無	一七九·一 人名 說文所無	卹 一〇五·二 人名	盇 六七·五二 人名
盡 一·八四	盡 一·三八						
盡 一·三四	盡 一·三九						
盡 一五六·二三	盡 一九八·二五						
盡 一九八·二	盡 一五六·二六						

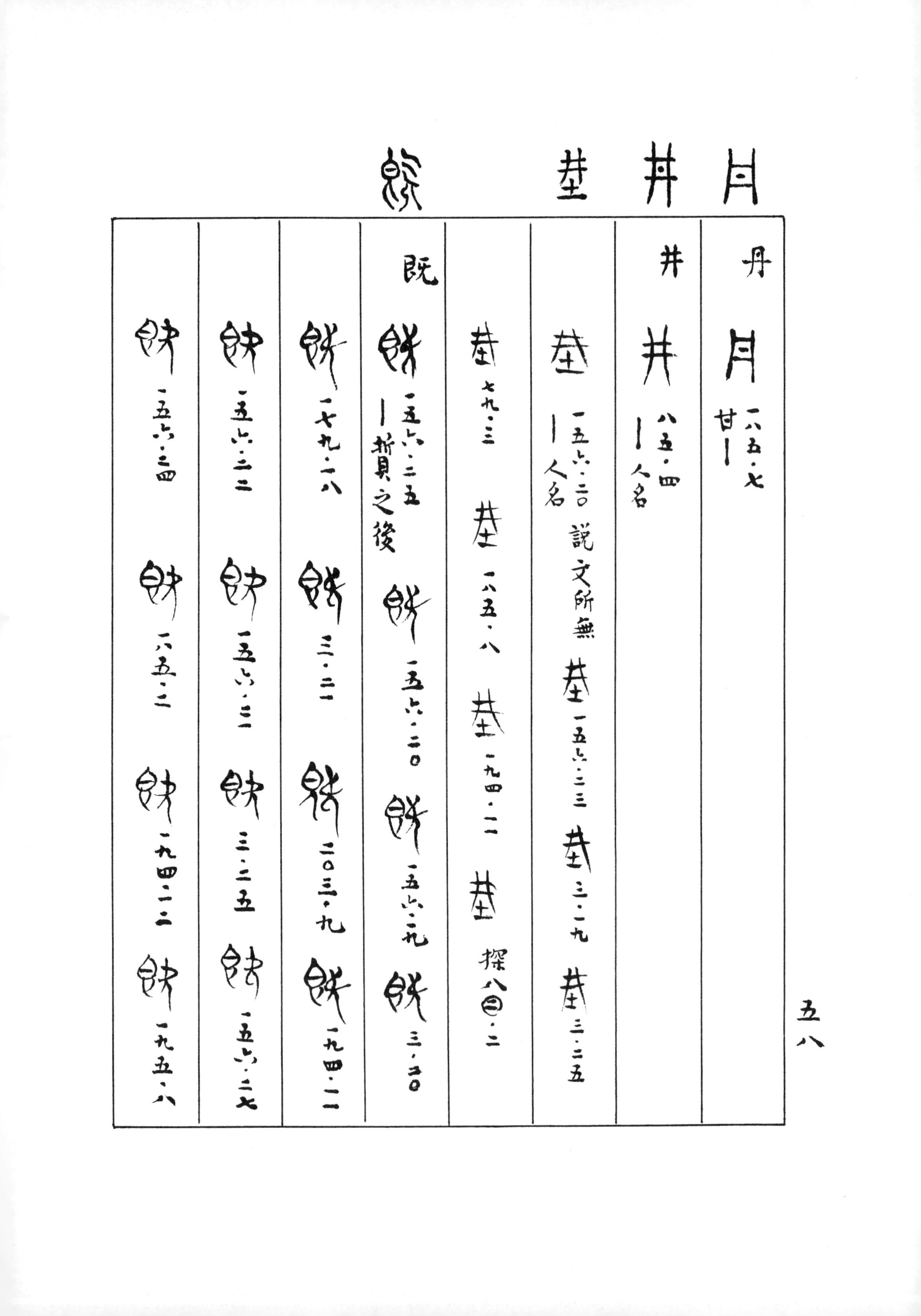

丹

一六五・七 甘丨

井

八五・四 丨人名

一五六・三 丨人名 説文所無

一五六・二三

三・一九

三・二五

七九・三

一八五・八

一九四・一

探八四・二

既

一五六・二五 丨賁之後

一五六・二〇

一五六・九

三・二〇

一七九・一八

三・一

二〇三・九

一九四・一

一五六・二二

一五六・三

三・二五

一五六・二七

一五六・二四

一六五・二

一九四・一二

一九五・八

[食呈]　　　今　　　舍

[食呈] 一五六·二〇 丨人名 說文所無
[食呈] 七七·二
[食呈] 八五·一
[食呈] 九一·四

[食呈] 三·一六
[食呈] 九二·一七
[食呈] 一五六·一

[食呈] 八五·三三
[食呈] 一九八·一九

[食呈] 四九·一
[食呈] 八五·三二
[食呈] 九二·三六

今
今 六七·一 自丨以往
今 六七·二
今 六七·一五
今 六七·四

今 六七·五
今 六七·三
今 六七·九
今 六七·二九
今 六七·三五

今 六七·二六

舍
舍 一五六·二二 丨人名
舍 一五六·二三
舍 一五六·二五
舍 三·二二
舍 三·二四

五·七

七五·八　一六五·三　一七九·一三　一七九·一八　一七九·二〇

九六·六　一五六·二〇　一五六·二七　一五六·二四　三·二〇

三·二一　一五六·二一　一八五·二

一五六·一九　一九四·一二

入

一五六·二〇 敢俞出丨于趙□之所　三·二一　三·二四　一八·三

一〇·五　一八五·七　一八五·八　一〇五·二　一五六·九

八六·一　一五六·二二　一五六·二三

三·一九　三·二〇　三·二三　三·二五　七五·八

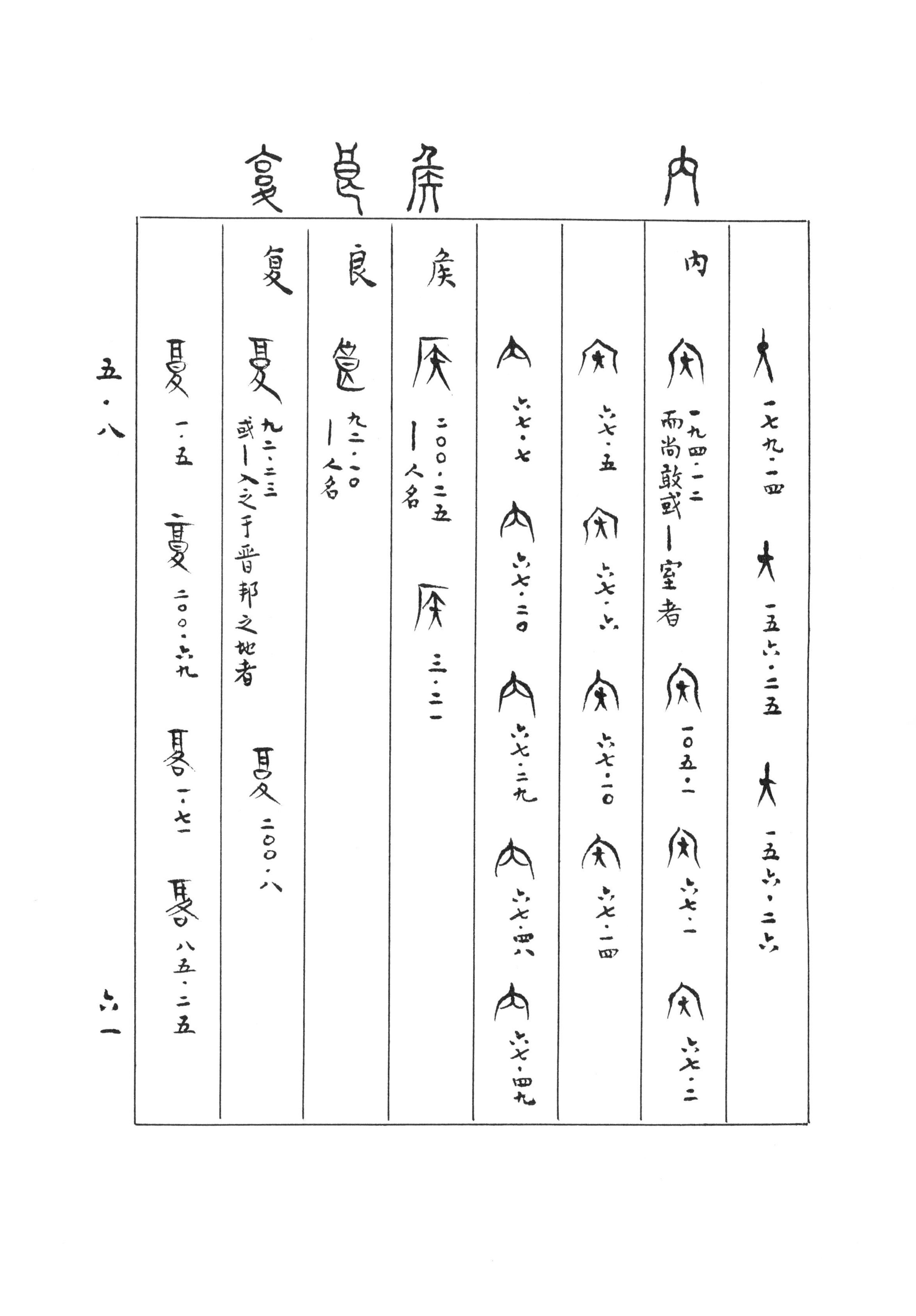

五・八

一七九：一四

一五六：二五

一五六：二六

内

一九四：一二 而尚敢或｜室者

一〇五：一

六七：一

六七：二

六七：五

六七：六

六七：一〇

六七：一四

六七：七

六七：二〇

六七：二九

六七：四六

六七：四九

庚

二〇〇：二五 ｜人名

三：二一

良

九二：一〇 ｜人名

复

九二：二三 或｜入之于晋邦之地者

二〇〇：八

一：五

二〇〇：六九

一：七一

八五：二五

韋 韓 弟

一五六·八
一五六·一〇

韋
一六·三 丨書之言

韓
一二四五 丨人名

弟
三·二三 兄丨
三·二四
三·二五
六七·一
六七·二

六七·四
六七·五
六七·六
一五六·二〇
一五六·二二

一五六·二二
一六五·二
六七·一三

文三十八 重四百一十七

侯馬盟書字表新編

第六

字	出處
木	一五六·一九 丨人名；三·二二；一六·一；七五·八；九六·七
	一五六·二〇；一五六·二一；一七九·一七；一八五·八；一九四·一二
	一九四·一一
柳	一·四一 丨人名
槐	三·九 丨人名
某	一·八六 丨之明

六·一

朱 植 樂 梁 柾

朱

三·一九 ｜人名

三·二

三·二五

七五·八

七九·二

八八·二

九三·一

一五六·一九

一五六·二〇

一八·二

一九五·八

植

七九·三 ｜人名

八八·二四

樂

一二〇四 ｜人名

梁

一六·九 ｜人名

一一九九

三五·二

二〇〇·一二

四九·一

六七·三七 ｜人名

說文所無

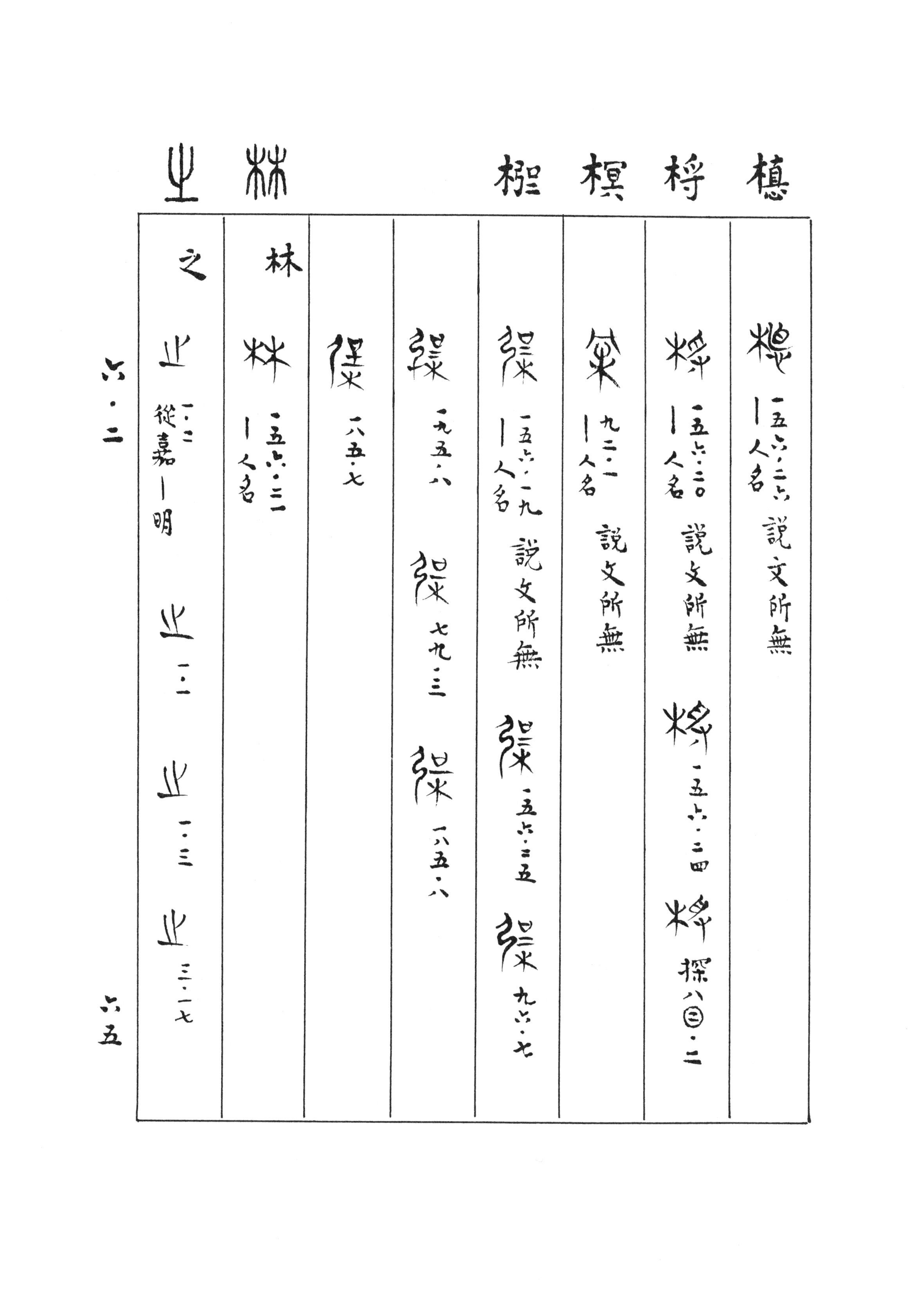

橞　桴　榠　梠　林　之

橞
一五六·二六 ｜人名 說文所無

桴
一五六·二〇 ｜人名 說文所無
一五六·二四
探八㊂·二

榠
九二·一 ｜人名 說文所無

梠
一五六·一九 ｜人名 說文所無
一五六·二五
九六·七
一九五·八
七九·三
一八五·八
一八五·七

林
一五六·三一 ｜人名

之
一·二 從嘉｜明
一·二
一·三
三·一七

六·二

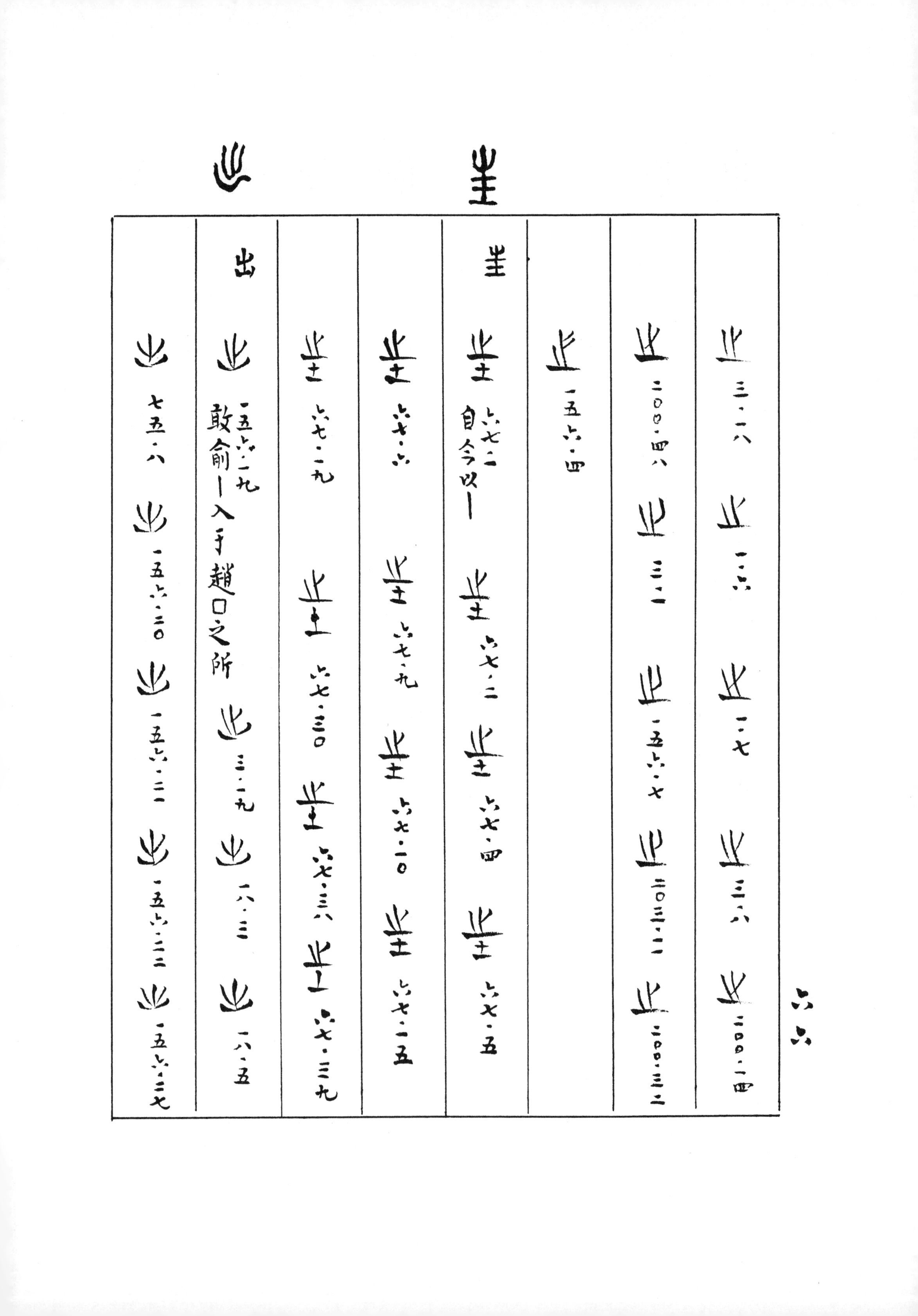

㞢

三·一八
一·六
一·七
三·六
二〇〇·一四

二〇〇·四八
三·一
一五六·七
二〇三·二
二〇〇·三二

一五六·四

㞢

六七二 自今以—
六七·二
六七·四
六七·五

六七·六
六七·九
六七·一〇
六七·一五

六七·一九
六七·三〇
六七·三八
六七·三九

出

一五六·二九 敢俞—入于趙口之所
三·一九
一八·三
一八·五

七五·八
一五六·二〇
一五六·二一
一五六·二二
一五六·二七

生

一七九・二〇
九六・九
一五六・二五
一五六・二六
一七九・二三

一七九・二四
三・二〇
七九・七
一五六・二四
一六五・一

一六五・八
三・二一

生 九二・一〇 ｜人名

產

九二・一六 ｜人名
一六・二六
六七・四
九八・二九

二〇〇・八
一六五・五

丰

二〇〇・四五 ｜人名

國

九八・八 ｜人名

六・三

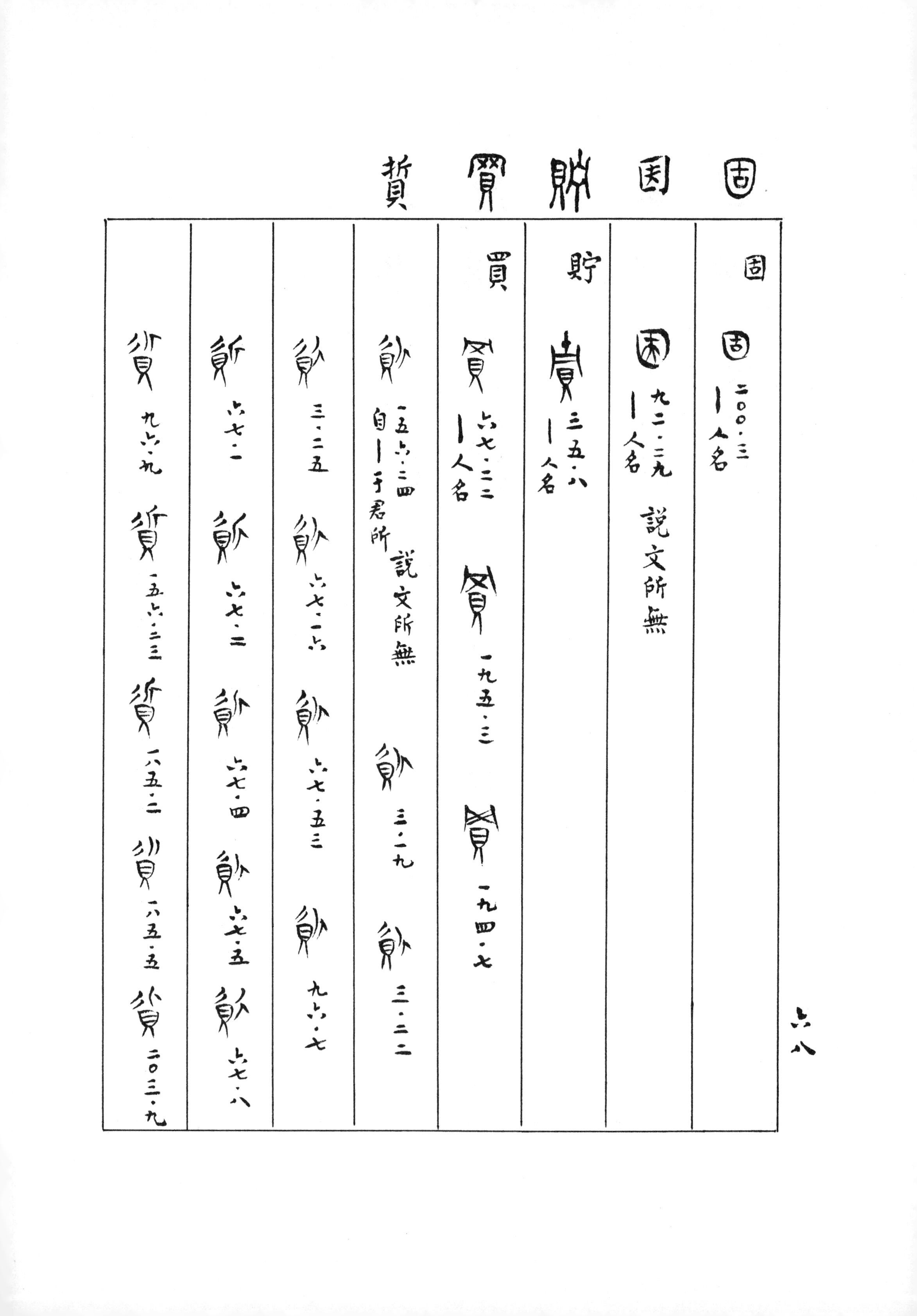

固 困 貯 買 質

固
固 二〇〇·三 |人名

困 九二·二九 |人名 說文所無

貯
貯 三五·八 |人名

買
買 六七·二二 |人名
買 一九五·三
買 一九四·七

一五六·二四 自|于君所 說文所無
三·一九
三·二二

三·二五
六七·一六
六七·五三
九六·七

六七·一
六七·二
六七·四
六七·五
六七·八

九六·九
一五六·二三
一六五·二
一六五·五
二〇三·九

賊 鬚 都

三·二〇 三·二六 六七·一五 一五六·二五 一九四·二一

一八五·二 六七·二 六七·二五

賊 一五六·二五 丨永亟覡之 說文所無

一·七四 丨人名 說文所無

都

三·二六 中丨 三·二七 一五六·一九 一七九·一四 一八五·八

三·二三 三·二四 七九·三 二〇三·九

七九·一 九三·一 一九五·八 一五六·二二 三·二一

一五六·二五 一五六·二一 七五·八 一九四·二一

六·四

三·二〇

九一·五

一五六·二〇

邸

一五六·二九

明亟丨之

邦

一·二

晉丨之地

一·三

一·四

一·七

三·一

三·二

三·七

一六·一

一六·二

三·九

三·一

八五·二

九二·二

一·六

一·三二

一·四六

一五六·二五

一九五·一

探八㊂·一

⿰肖阝

一八八·一

丨姓氏

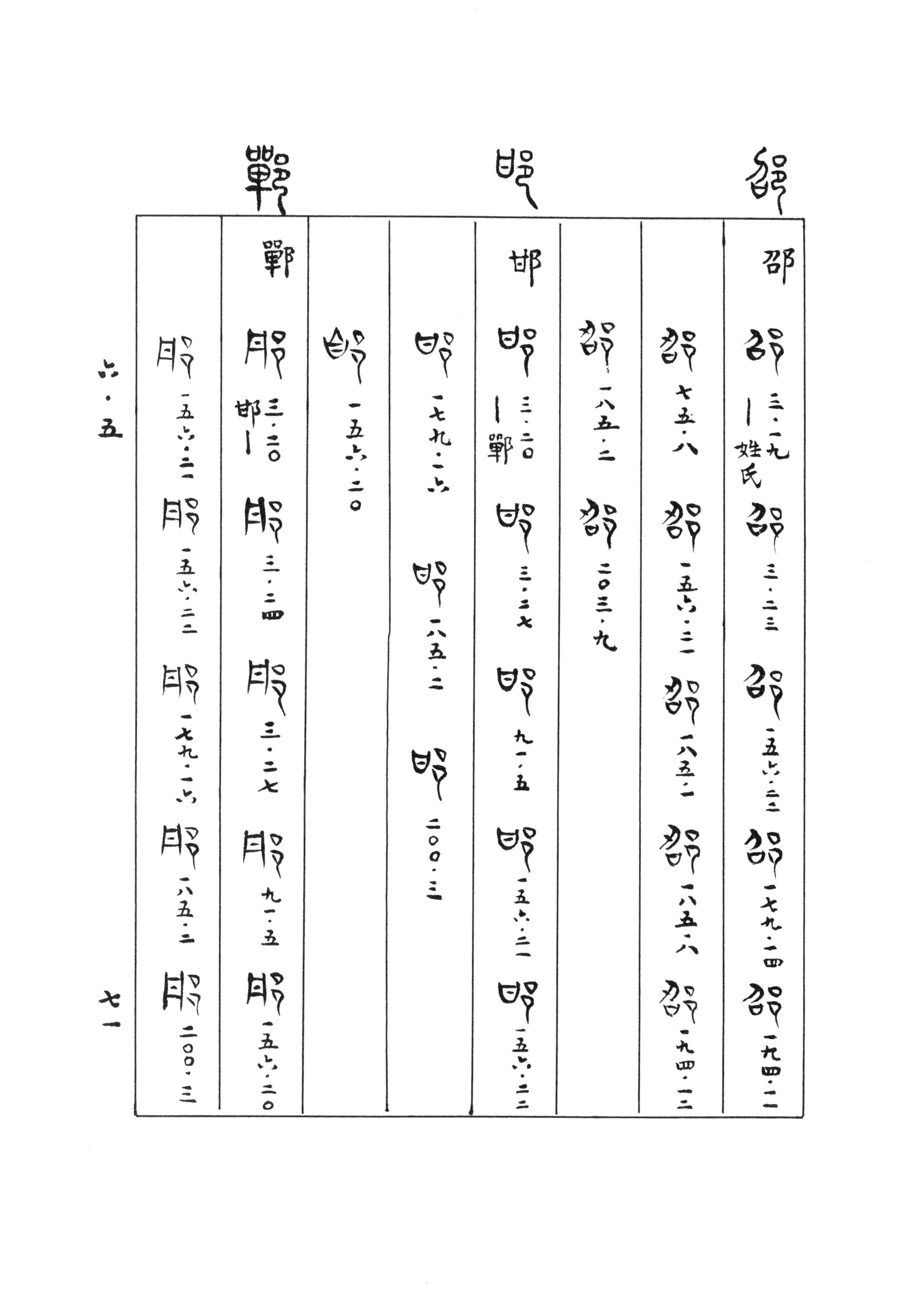

邵

三·一九 |姓氏

三·二三

一五六·二二

一七九·二四

一九四·一一

七五·八

一五六·三一

一八五·一

一八五·八

一九四·二二

一八五·二

二〇三·九

邯

三·二〇 |鄲

三·二七

九一·五

一五六·二一

一五六·二二

一七九·一六

一八五·二

二〇〇·三

一五六·二〇

鄲

三·二〇 邯|

三·二四

三·二七

九一·五

一五六·二〇

一五六·二二

一五六·二二

一七九·一六

一八五·二

二〇〇·三

鄙　九阝　髟阝　郭　帶阝

鄙	九阝	髟阝	郭	帶阝	帶阝	帶阝	帶阝
一·二二 ｜人名	一·四八 ｜人名 說文所無	一五六·二二 ｜徒 說文所無	八五·八 ｜姓氏 說文所無	三·二二 ｜姓氏 說文所無	三·二五	三·二〇	一九四·一一
				七九·一〇	八六·一	三·二三	
				一五六·二六	一五六·一九	三·二七	
				一九四·一二	一五六·二〇	一五六·二一	
					一五六·二三	一五六·二二	

⿰重阝　⿰虎阝　⿰比阝　⿰加阝

 三・二三 丨姓氏 說文所無
 三・二四
 三・二五
 七九・二

 七九・九
 三・二〇
 三・二一

 四九・二 丨姓氏 說文所無

 九三・一 丨姓氏 說文所無
 九二・三〇
 一六・三八

 一〇五・二

 八五・二一 丨人名 說文所無

文四十四 重一百九十八

六・六

侯馬盟書字表新編

第七

晉

一·二 晉邦之地

一·三

一·四

三·一

三·二

三·一五

三·一六

一六·一

一六·二

一五六·一九

一五六·二〇

一五六·二二

二〇〇·一

二〇〇·一三

一六·二九

一六·三〇

一六·三一

一八五·七

二〇〇·二一

一九四·二

四九·二

七·一

㬎

六七·五一 不丨□公大家

六七·四三

六七·四五

六七·三六

六七·三

六七·一三

六七·三○

六七·三四

六七·三五

二○○·一九 而敢或敏改丨及奠卑 說文所無

旦

一七九·三 丨人名

一○五·一 丨子 說文所無

一○五·二

族

八五·二三 丨人名

一·八一 丨人名 說文所無

月

一六·三 十又一丨

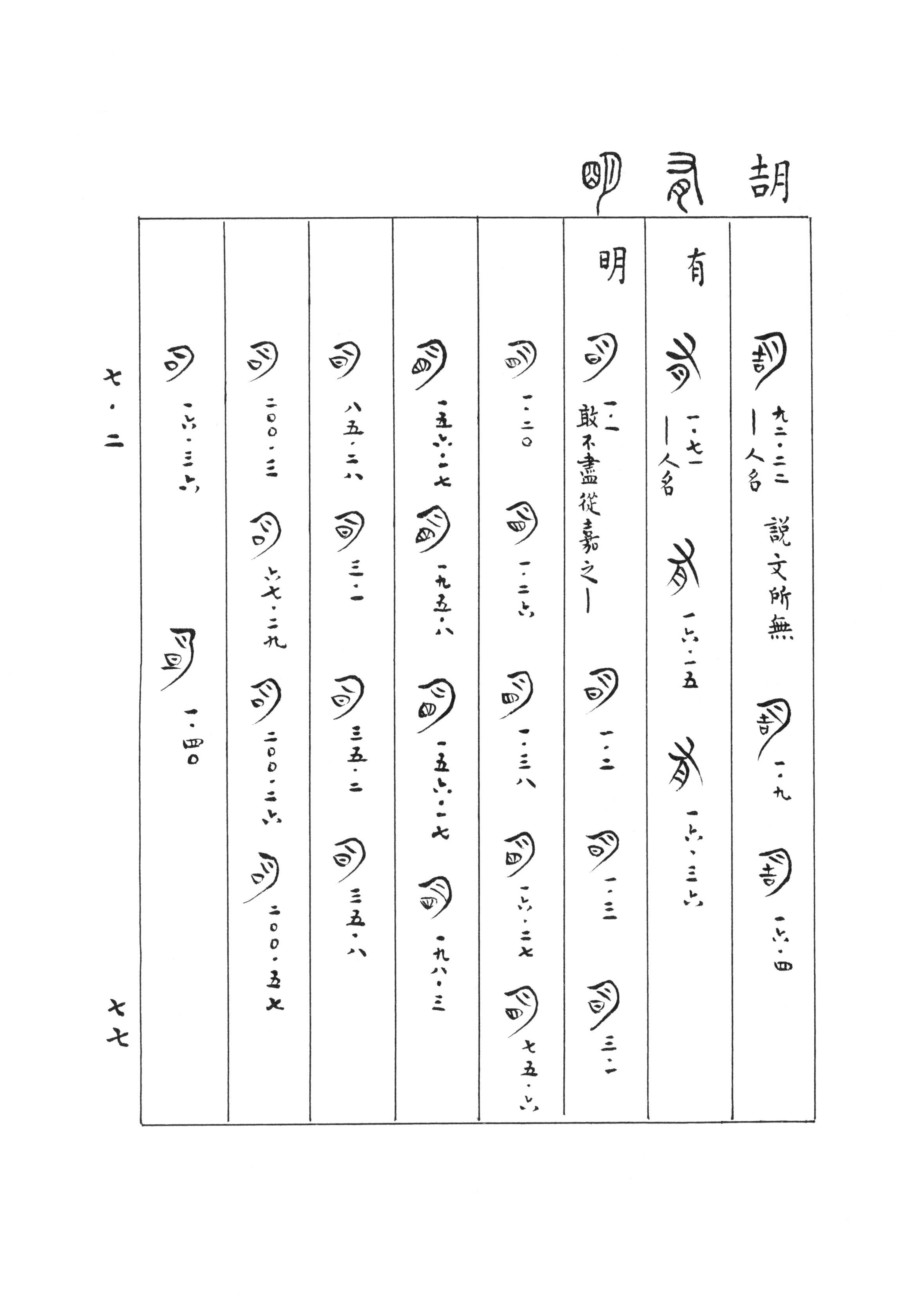

胡 有 明

胡

九二·二二 |人名

說文所無

一·九

一六·四

有

一·七一 |人名

一六·一五

一六·三六

明

一·一 敢不盡從嘉之|

一·二

一·三

三·一

一·二〇

一·二六

一·三八

一六·二七

七五·六

一五六·二七

一九五·八

一五六·二七

一九八·三

八五·二八

三·一

三五·二

三五·八

二〇〇·三

六七·二九

二〇〇·二六

二〇〇·五七

一六·三六

一·四

七·二

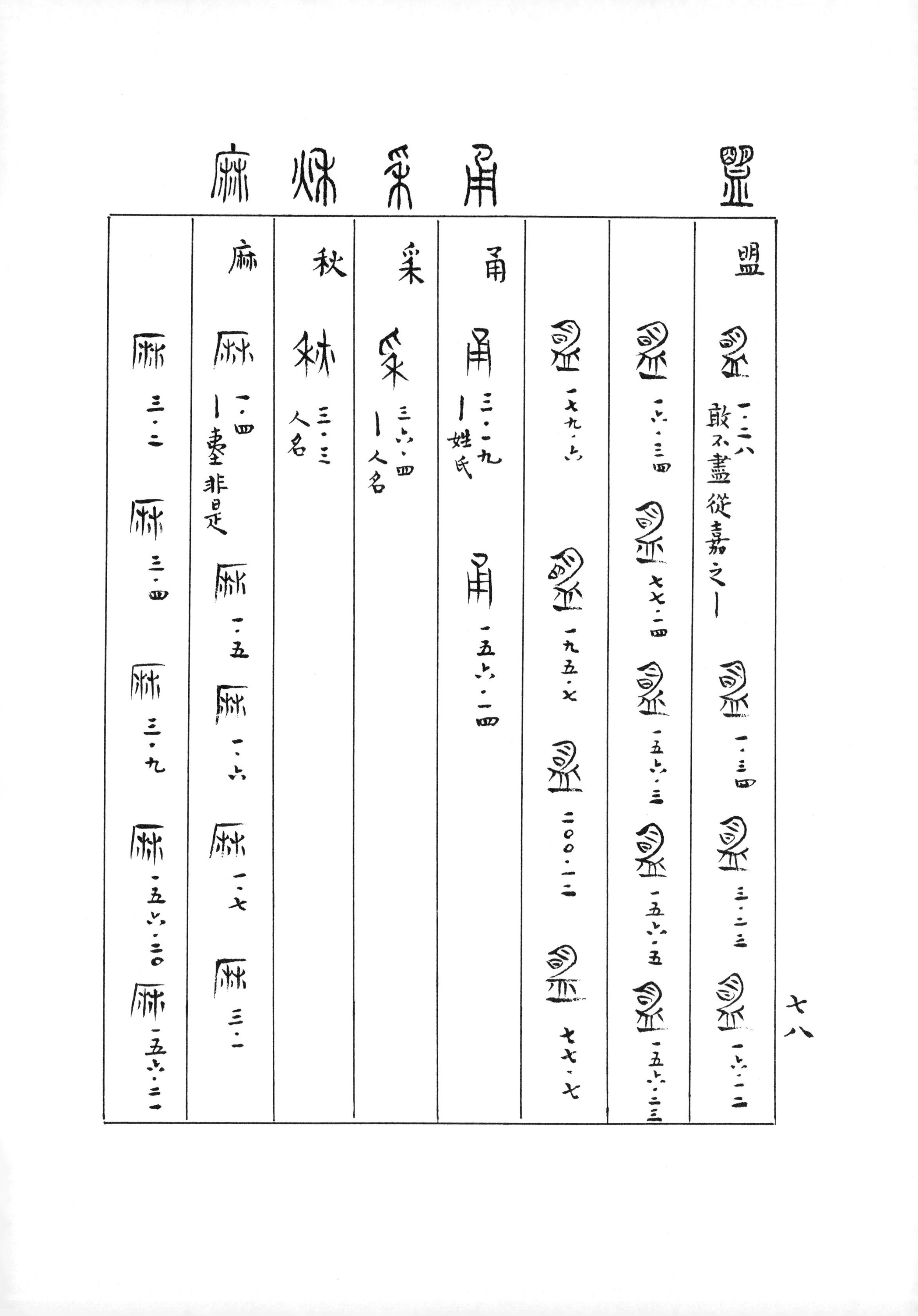

盟　甬　采　秋　麻

盟

一·二八 敢不盡從嘉之丨

一·三四

三·二三

一六·一二

一六·三四

七七·二四

一五六·三

一五六·五

一五六·二三

一七九·六

一九五·七

二〇〇·一二

七七·七

甬

三·一九 丨姓氏

一五六·一四

采

三六·四 丨人名

秋

三·三 人名

麻

一·四 丨臺非是

一·五

一·六

一·七

三·一

三·二

三·四

三·九

一五六·二〇

一五六·二一

室

一·三〇

一·七〇
一·七九
一·五六·二四
二〇〇·三六

一·二
一·五六·二七

六七·二 尚敢或入一者
六七·三
六七·四
六七·五

六七·九
六七·一〇
六七·一三
六七·二一

六七·一
六七·六
六七·七
六七·二三
六七·二五

六七·二
六七·六
六七·一六
六七·二〇

六七·三七

七·三

定

一·七一 ｜宮平侍之命
一·三一
一·四二
三·九

三·一五
一六·一
一六·二
一六·一〇

一·八一
一·二五
二〇〇·三四

一·一〇
一·三六
一·四九
一·六八
二〇〇·二八

一·三
一·五
一·九
一·一六
一·一九

一·四
一·二二
一·二〇
一·三二

三·七
一六·四
七七·一九
一五二·二
一七九·七

一七九·八
一九八·一
一九八·二二
一九四·八

窓 守

二〇三·三
一六·一五
一六·二六

窓

一〇五·三 衆人｜死

守

一·一一 不｜二宮
一·五五
一·九〇
三·二

一·一〇
一·七九·四
二〇〇·二一
二〇〇·二九

九二·一八
九二·四六
九八·五
二〇〇·七
二〇〇·四五

一·六
一·八
一·九
二〇〇·一
二〇〇·二

一·二八
一·三二
一·四二
一·六九
一·八六

九二·二
一·六五

⿱宀益
九二・四〇 丨人名

寏
八八・二 而或般改助及丨

富
八五・二五 丨人名
一九五・四

安
一・六七 丨人名
一九八・一二
二〇〇・三一

宜
二〇〇・三〇 丨人名

宗
六七・一 或婚丨人兄弟入室者
六七・六
六七・三〇
六七・五六
六七・二八
六七・四二
九二・一二
六七・二
六七・三
六七・六
六七・七
六七・一〇

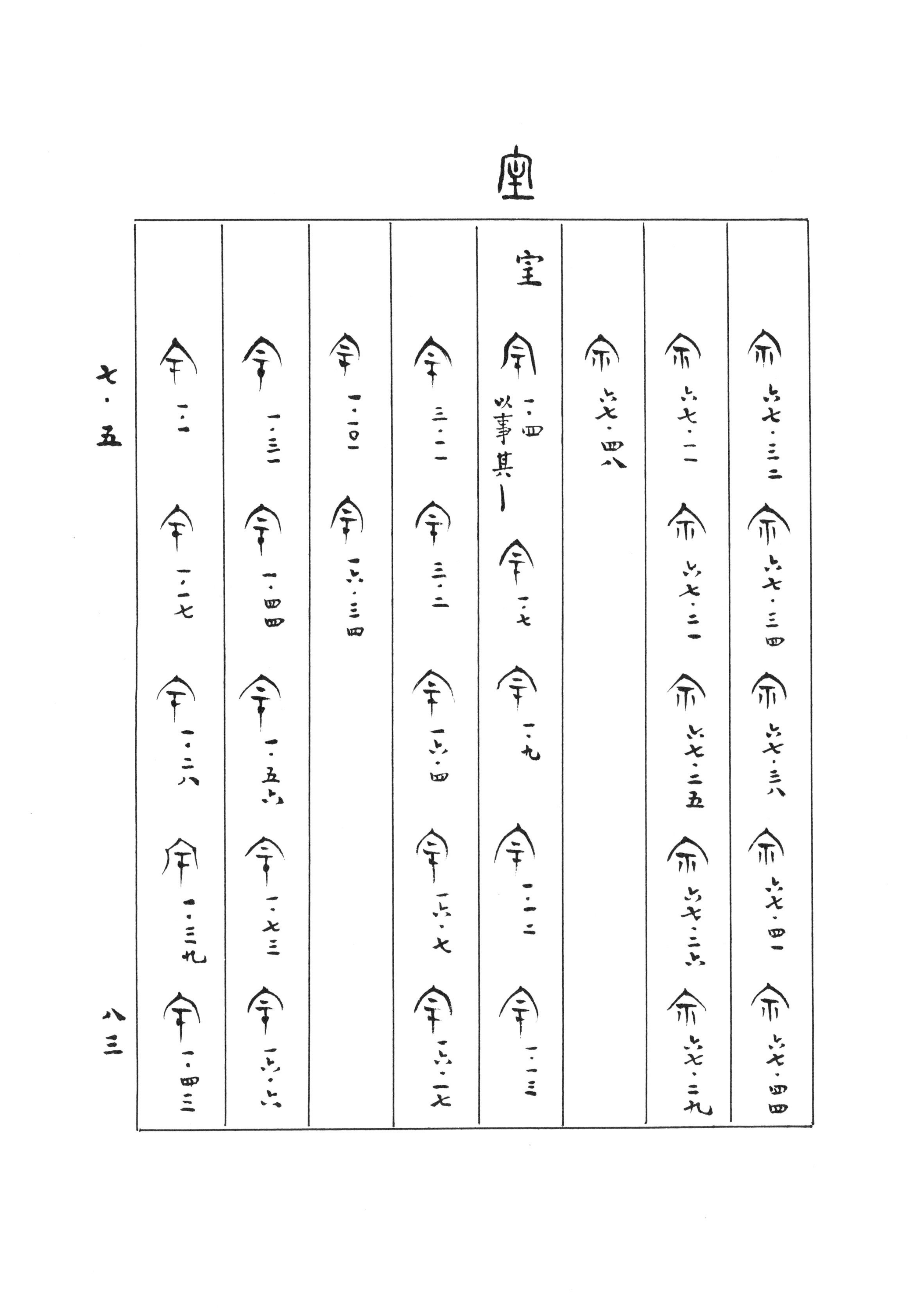

宔

六七·三二
六七·三四
六七·三八
六七·四一
六七·四四

六七·二一
六七·二一
六七·二五
六七·二六
六七·二九

六七·四八

宔

一·四 以事其丨
一·七
一·九
一·一二
一·一三

三·二一
三·二二
一六·四
一六·七
一六·一七

一·一〇
一六·三四

一·三一
一·四四
一·五六
一·七三
一六·六

一·一
一·一七
一·二八
一·三九
一·四三

七·五

宋

一·四八

一六·二

一六·五

一六·九

一六·一三

一·四九

一六·一

一六·二五

七七·七

一〇六·二

一七九·四

宋

九二·一三

｜人名

一六·三 說文所無

□□□｜定宮不時之命

一·八 說文所無

不｜二宮

八八·五

一五六·二

一·九二

一·四〇

一五六·一七

二〇〇·一六

七五·六 說文所無

敢｜出入于趙□之所

窌　寇　宮　　寓　疾

一六·三六
ㄧ人名
說文所無

二〇三·三
司ㄧ
說文所無

宮
一·二
不守二ㄧ
一·三
一·五
一·七
三·一

三·二
三·三
一六·一
一六·二
一六·五

一·四
一·〇
一·一
一·三〇
三·一

一·二〇
一·二四
一·五八
一·六一

一五六·二〇
ㄧ之行道
說文所無

疾
八五·二六
ㄧ人名
九二·三二

七·六

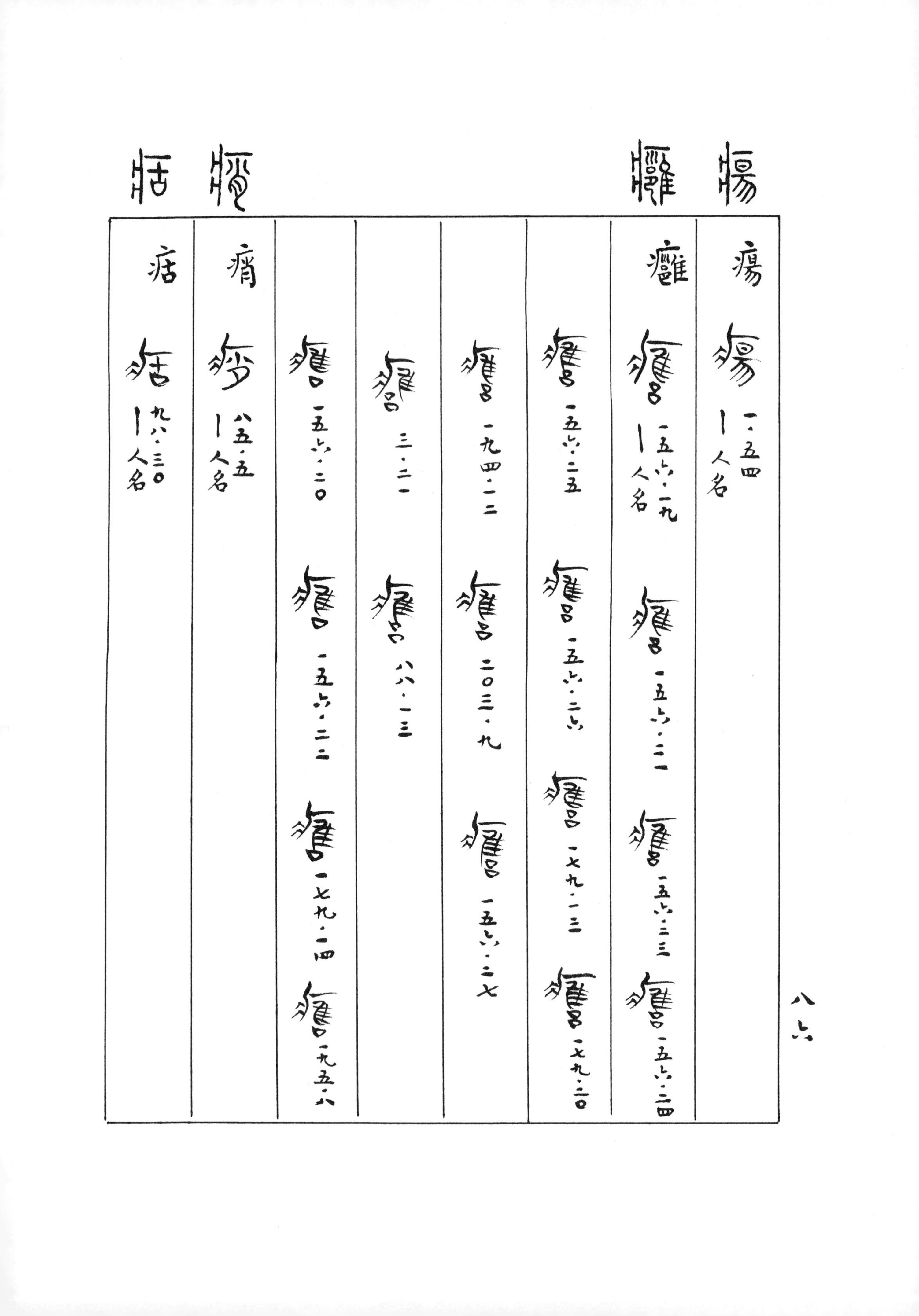

瘍

一·五四 人名

癰

一五六·一九 人名

一五六·二一

一五六·二三

一五六·二四

一五六·二五

一五六·二六

一七九·一三

一七九·二〇

一九四·一二

二〇三·九

一五六·二七

三·二一

八六·一三

一五六·二〇

一五六·二二

一七九·一四

一九五·六

痟

八五·五 人名

⿸疒舌

九六·三〇 人名

痓 痄 疫 [疒虎]

痓 一九四·一〇 ｜人名 說文所無

痄 八五·三三 ｜人名 說文所無

疫 九八·七 ｜人名 說文所無

一八·五

[疒虎] 三·九 ｜人名 說文所無

三·一六

三·一七

一六·二

一六·七

一六·八

一六·二

一九五·二

三·二

三·一一

三·一九

八五·三四

八八·五

九二·二

九二·二二

八八·一

三·七

一五六·一七

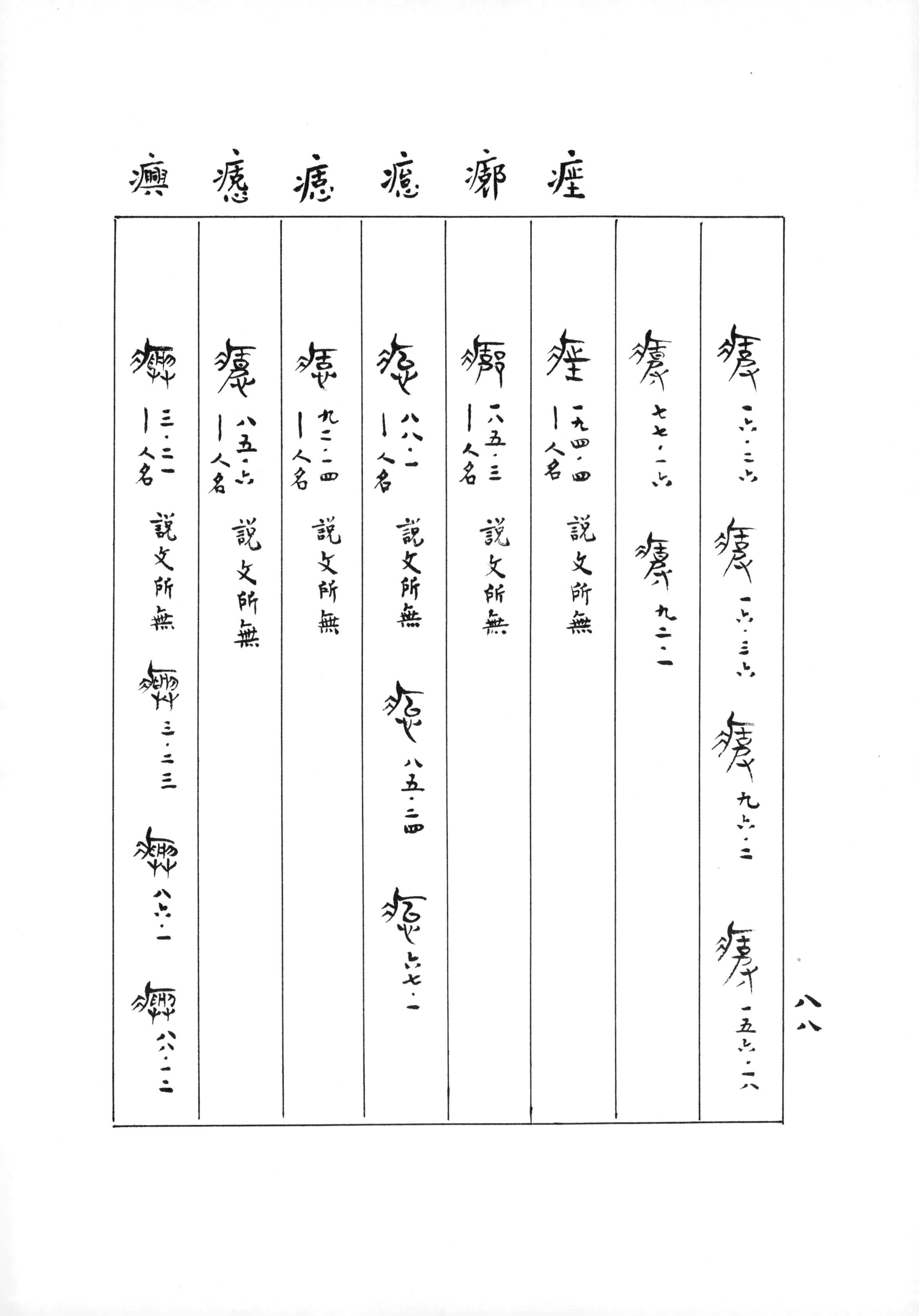

一六·二六

一六·三六

九六·二

一五六·一八

七七·一六

九二·一

⿸疒圭

一九四·四

丨人名

說文所無

⿸疒鄉

一八五·三

丨人名

說文所無

⿸疒悳

八八·一

丨人名

說文所無

八五·二四

六七·一

⿸疒惪

九二·二四

丨人名

說文所無

⿸疒⿱虍心

八五·六

丨人名

說文所無

⿸疒興

三·二一

丨人名

說文所無

三·二三

八六·一

八八·一二

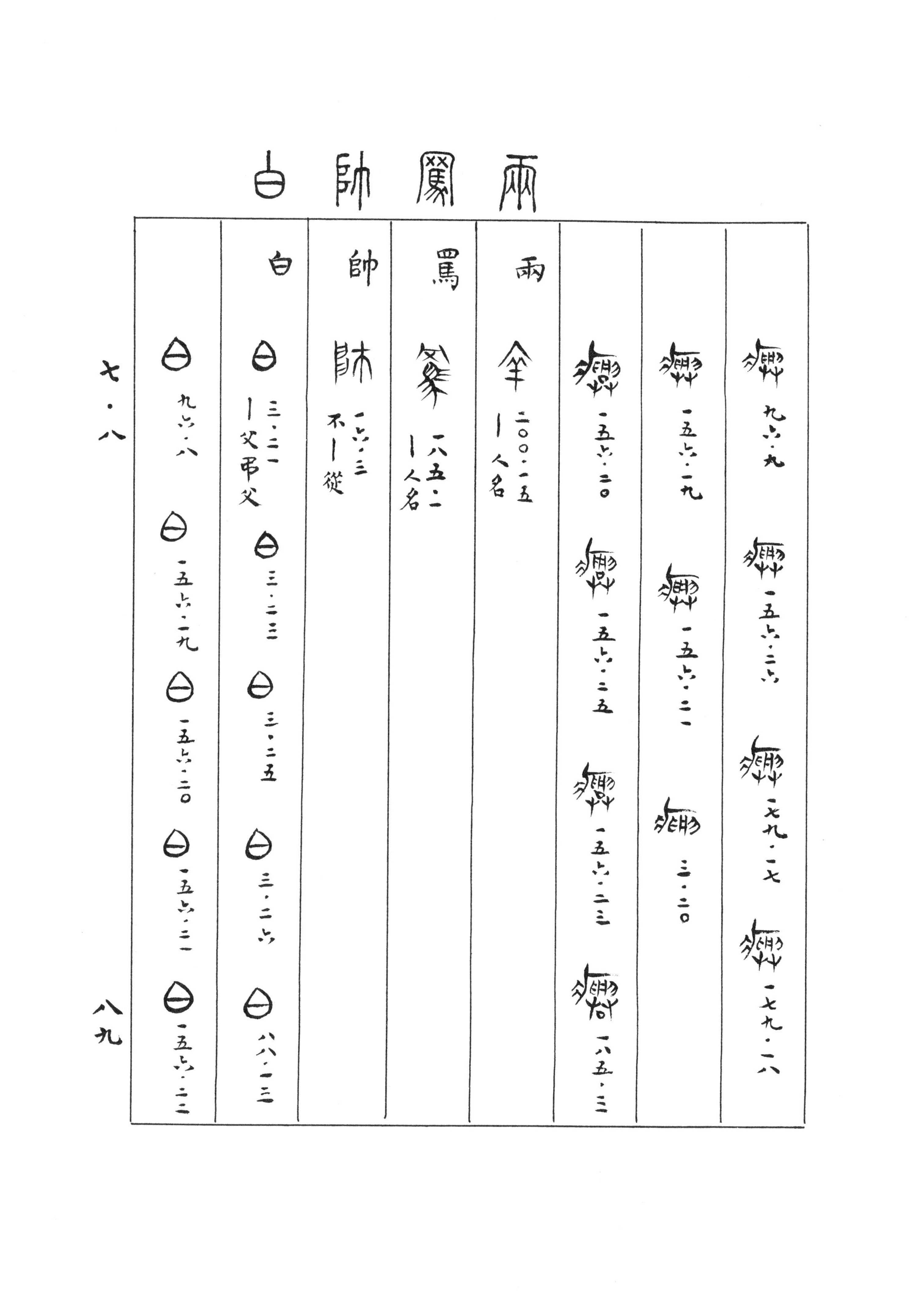

兩 罵 帥 白

九六·九
一五六·二六
一七九·一七
一七九·一八

一五六·一九
一五六·二二
三·二〇

一五六·二〇
一五六·二五
一五六·二三
一八五·三

兩
二〇〇·一五
丨人名

罵
一八五·二
丨人名

帥
一六·三
不丨從

白
三·二一
丨父弔父
三·二三
三·二五
三·二六
一八·一三

九六·八
一五六·一九
一五六·二〇
一五六·二二
一五六·二三

一五六·二三
一五六·二四
一五六·二五
一五六·二六
一五六·二九

一七九·一六
一七九·一八
一七九·一九
一八五·一
一八五·三

一九四·一一
一九四·一二

文五十四　重三百二十

第八

人

六七·二 宗｜兄弟

六七·三

六七·五

六七·一一

六七·三五

六七·三八

六七·四〇

六七·四四

一〇五·三

六七·三

六七·四

六七·七

六七·二〇

六七·二五

六七·二八

六七·三四

六七·四一

六七·五六

六七·六

六七·二四

六七·四二

八·一

九一

仁
一·三六 人名
一·四一

𢼸
一·五三 人名

似
一九四·一 人名

伐
三·二一 人名
三·二二
三·二三
三·二六
一八·一
七五·八
一五六·一九
一七九·一二
一六五·一
一九四·一一
一九四·一二
三·二五
三·二四
三·二〇
一五六·一三
一五六·二五
一六五·七
一六五·二

弔
三·二一 父
三·二五
八八·一三
一五六·一九
一五六·二〇

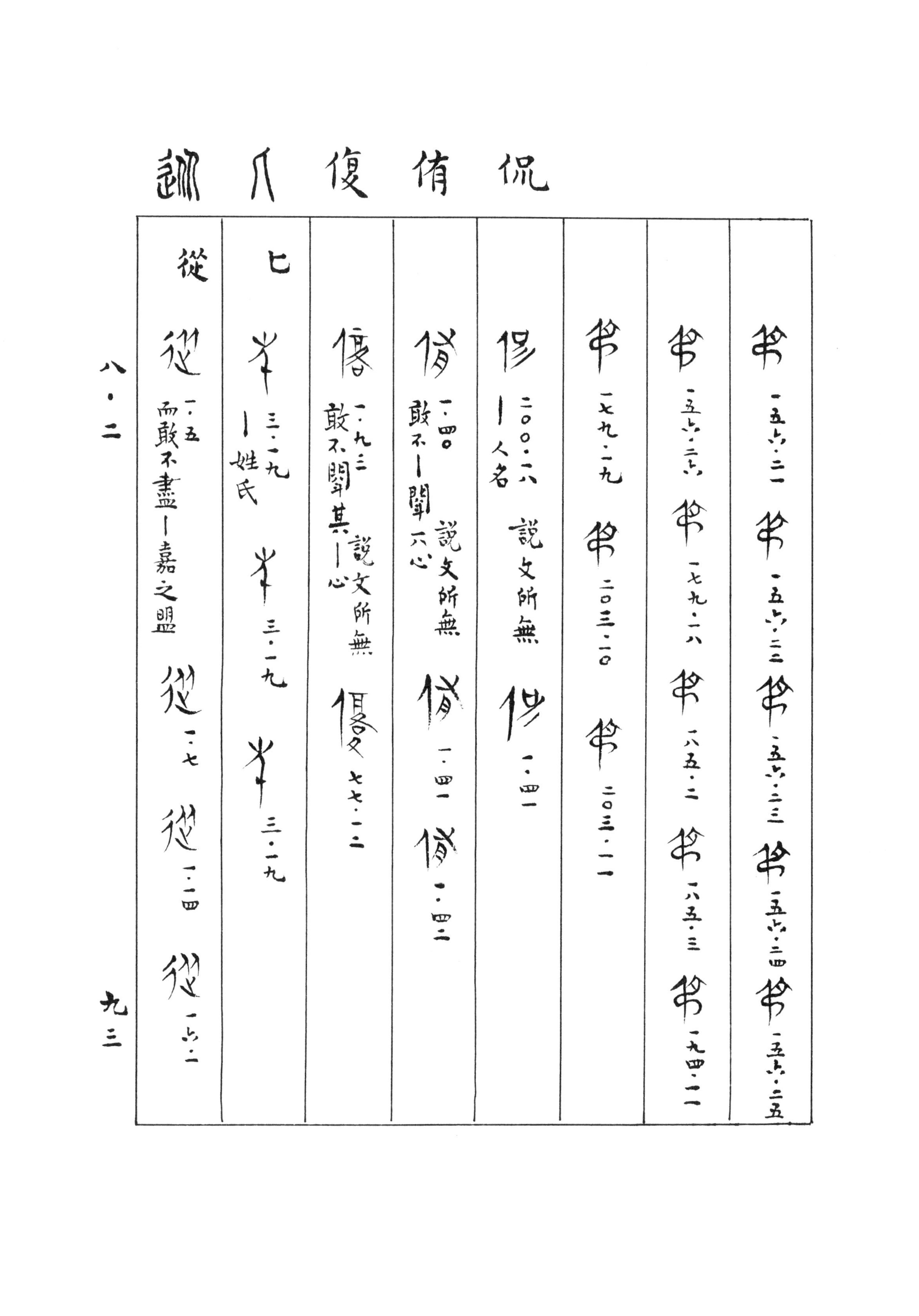

八·二

從	匕						
一·五 而敢不盡｜嘉之盟	三·一九 ｜姓氏	一·九三 敢不閛其｜心 說文所無	一·四 敢不｜閛亓心 說文所無	二〇〇·一八 ｜人名 說文所無	一七九·一九	一五六·二六	一五六·二一
一·七	三·一九	七七·一二	一·四一	一·四一	二〇三·一〇	一七九·一八	一五六·二二
一·四	三·一九		一·四三		二〇三·一一	一六五·二	一五六·二三
一六·二						一六五·三	一五六·二四
						一九四·一一	一五六·二五

從 三·三 從 三·六 從 三·七 從 三·九 從 一·一五

從 二〇〇·一七 從 二〇〇·一九 從 一五二·二 從 三·一一 從 二〇〇·四

從 一六·九 從 一六·三八 從 一九八·一七

从 一·三二 从 一·三五 从 七五·五 从 八五·三 从 一五六·一

从 一·二 从 一·三 从 一·一二 从 一六·六 从 一六·一〇

从 一·四 从 六七·六 从 六七·一三

从 一·一三 从 一·一六

辵 二〇〇·五四

八·三

比

一七九·二 一姓氏
一九四·九
二〇三·四
七九·五
九三·一

九六·八
一五二·二
一五六·二〇

三·一
三·二
三·三
三·六
一六·二〇

一六·三八
四九·一
一五六·二一
一九五·六

九二·一六
九八·一〇

九八·一五
九八·一五
九二·二八

眾

一〇五·三 一人

重

九一·五 一姓氏
一五六·二〇
一八五·七
一九五·八

身

身 一·二六
身 三·一九
身 三·二二
身 一五六·二二

身

身 三·一九 類纂之一
身 三·二〇
身 三·二二
身 八六·一二

身 八六·一三
身 一五六·一九
身 一五六·二二
身 一五六·二三
身 一五六·二九

身 一五六·二
身 一六五·一
身 一六五·四
身 一九四·二
身 一九五·八

身 二〇三·九
身 三·二三
身 一五六·二四
身 一七九·二四
身 一七九·二六

身 三·二一
身 一六五·七
身 一九四·二

身 一六五·二二
身 一五六·二五

躳

躳 一五六·二〇 類纂之一

說文所無

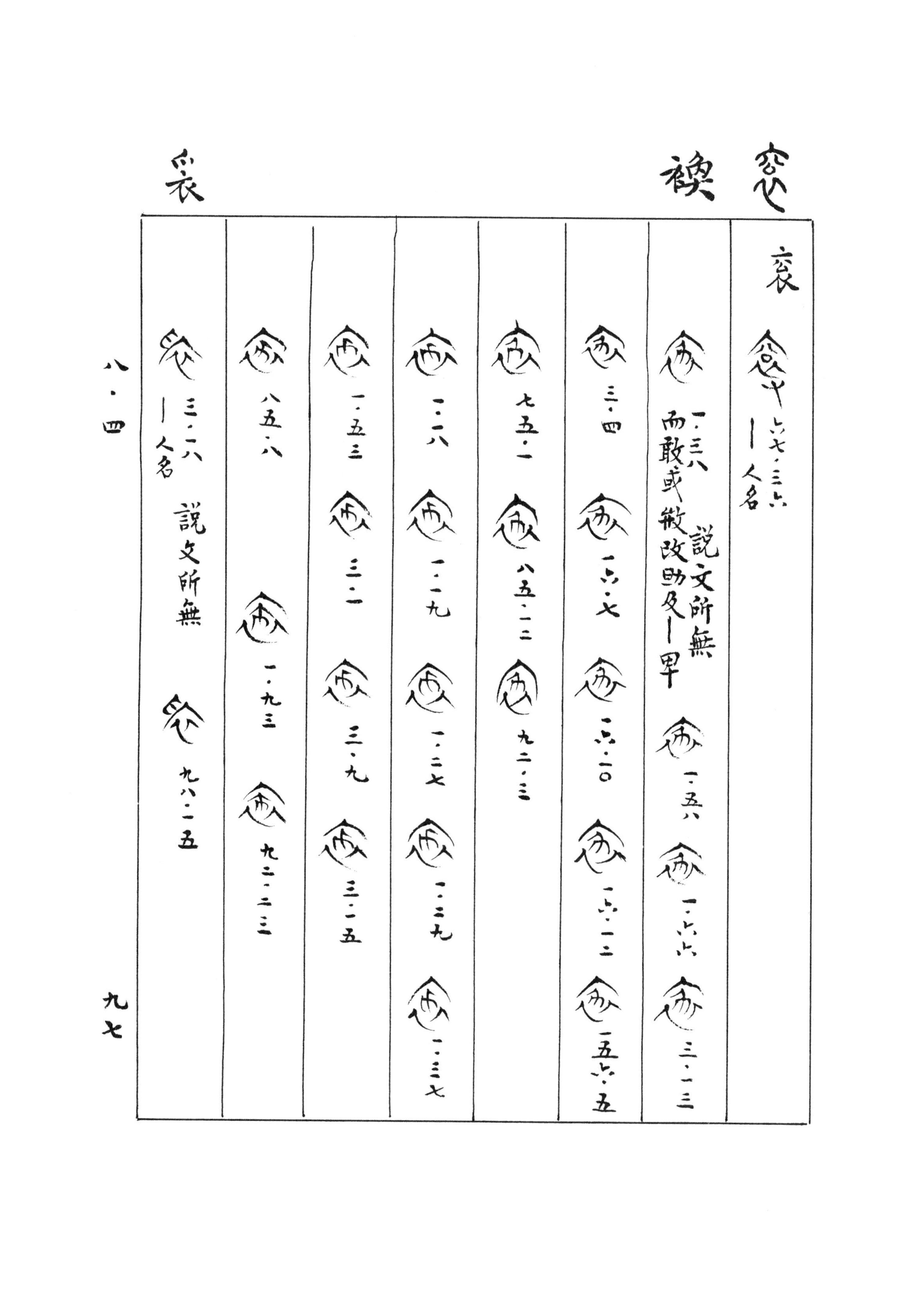

袞　襖　哀

袞

一六七·三六 ｜人名

一·三八 而敢或徹改助夂｜甲 說文所無

一·五八

一·六六

三·一三

三·四

一六·七

一六·一〇

一六·一二

一五六·五

七五·一

八五·一二

九二·三

一·二八

一·一九

一·二七

一·二九

一·三七

一·五三

三·一

三·九

三·一五

八五·八

一·九三

九二·二三

三·一八 ｜人名 說文所無

九八·一五

八·四

老

一·四九 ｜人名

俞

一七九·二四 而敢｜出入于趙口之所

八八·二四

一七九·二〇

一八五·八

兄

三·三二 ｜弟

六七·二

六七·三

六七·三

六七·四

六七·五

六七·六

六七·七

六七·九

六七·一〇

六七·一一

六七·二〇

六七·二八

弁

一·二 而敢或｜改

一·四

一·七

一·二四

三·一七

八·五

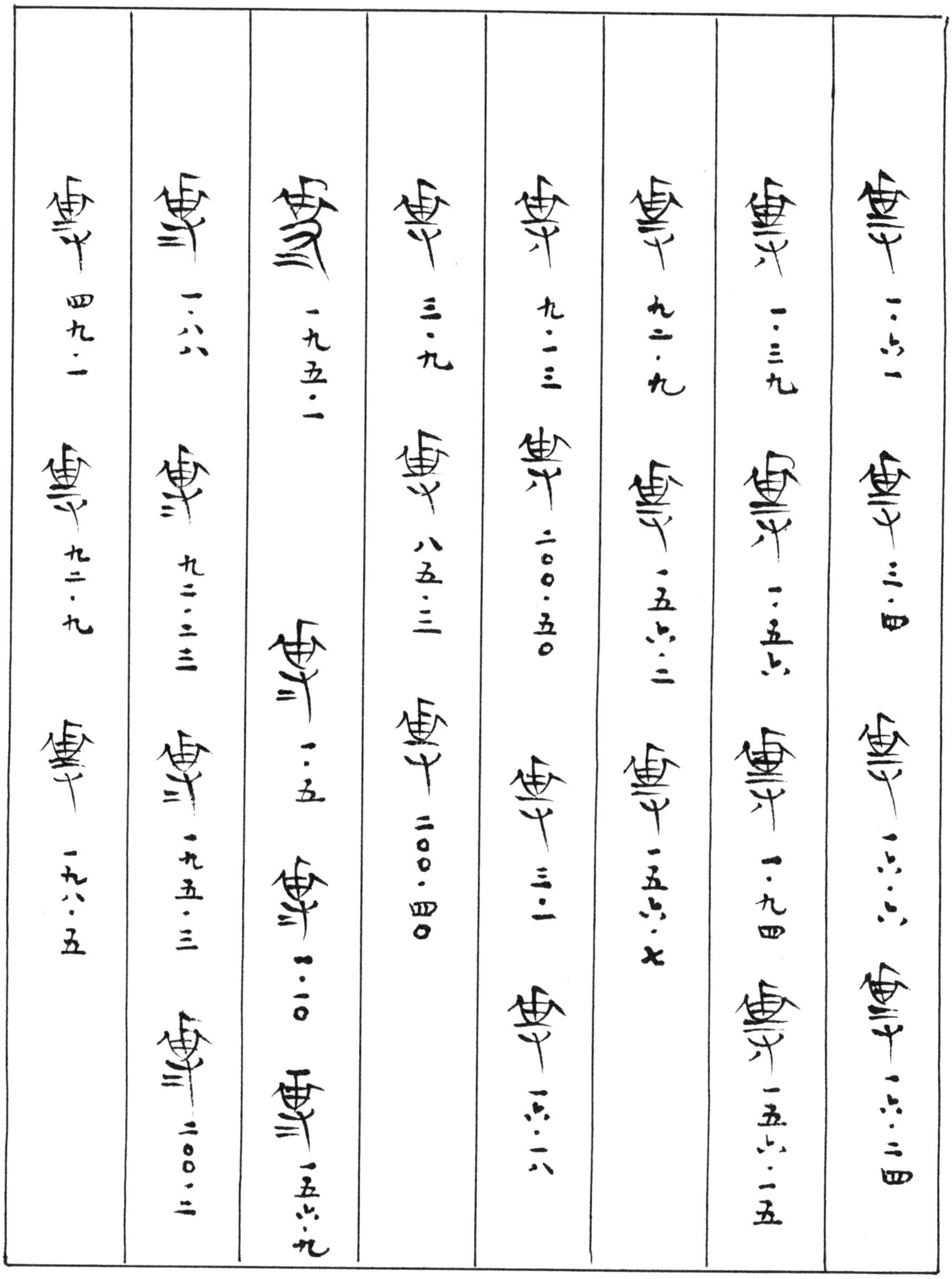
一·六·一
三·四
一·六·六
一·六·二四
一·三九
一·五六
一·九四
一·五六·一五
九二·九
一五六·二
一五六·七
九·一三
二〇〇·五〇
三·一
一六·一八
三·九
八五·三
二〇〇·四〇
一九五·一
一·五
一·一〇
一五六·九
一·八八
九二·二三
一九五·三
二〇〇·二
四九·一
九二·九
一九六·五

專 一·五七 專 一·六三 專 一·五八 專 七五·六

專 一·五三 專 三·一 專 六·八 專 八五·一〇

專 三·九 專 八五·三 專 二〇〇·四〇

專 三·一三 專 二〇〇·一三 專 六·三六

專 九二·二 專 一九四·四 專 二〇〇·四八

叀 一·五九 叀 一·八一 叀 三·八 叀 三·六 叀 七七·四

叀 二〇〇·六九

屮 一·四

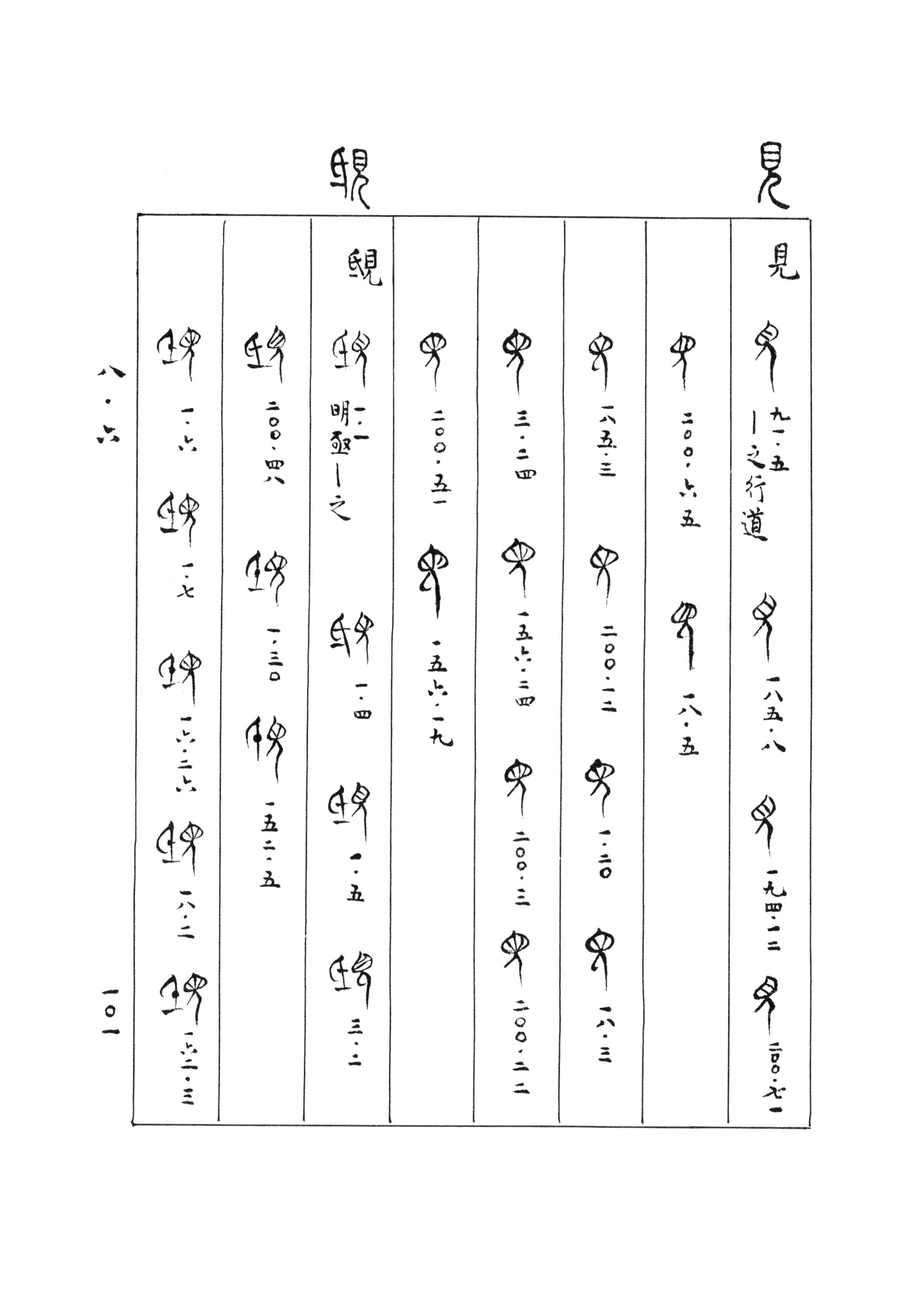

見

見

九一·五 |之行道

一八五·八

一九四·一二

二〇·七一

二〇〇·六五

一八·五

一六五·三

二〇〇·一二

一·二〇

一八·三

三·二四

一五六·二四

二〇〇·三

二〇〇·一二

二〇〇·五一

一五六·一九

⿰氏見

⿰氏見

明二一 亟|之

一·四

一·五

三·二

二〇〇·四八

一·三〇

一五二·五

一·六

一·七

一六·二六

一八·二

一六二·三

⿰王欠 ⿰昏見 ⿰眂見 ⿸厂⿰酉見

一·一〇二
一六·二三
一五六·八
二〇〇·二三
二〇〇·八

一九五·二
一九八·一五

一·三六
三·二
一六·二七
一五六·二
二〇〇·四

一六·九
八五·一
八五·二〇

一六五·二
不殺君一之
說文所無

三五·九
明亟一之
說文所無

六七·二四
明亟一之
說文所無
六七·二〇

一·三六
一人名
說文所無
九二·二五

⿰足欠

三·一 人名 說文所無
三·二
三·一二

三·八
一六·四
八五·二四
一九五·二

三·六
三·二
七五·五
八八·三

一九八·三
三·四

三·一〇
一六·三
一六·二六
七七·一
九二·一八

⿰南欠

七五·三 人名 說文所無
二〇〇·四四
九二·五

⿰止欠

一五六·二六 人名 說文所無
探八㊂·二
一五六·一九

三·一九
九六·八
一五六·二二
一五六·二五

八·七

 一七九·六

 一六五·三

 三·二一

 三·二二

 八六·一

 一五六·二四

 一五六·二〇

 一五六·二二

 三·二〇

文三十二　重三百一十六

侯馬盟書字表新編

第九

頌

一五六：一九 丨嘉之身

一五六：二一

一九四：三

一九四：二

一五六：二〇

三：二〇

三：二一

一八：二

一五六：二五

一八五：四

一八五：一

一八五：二

一九五：八

三：二三

三：二四

三：二五

顯

六七：二四 不丨皇君

六七：二六

六七：五

一六：三

六七：二四

六七：五二

六七：五五

六七：二二

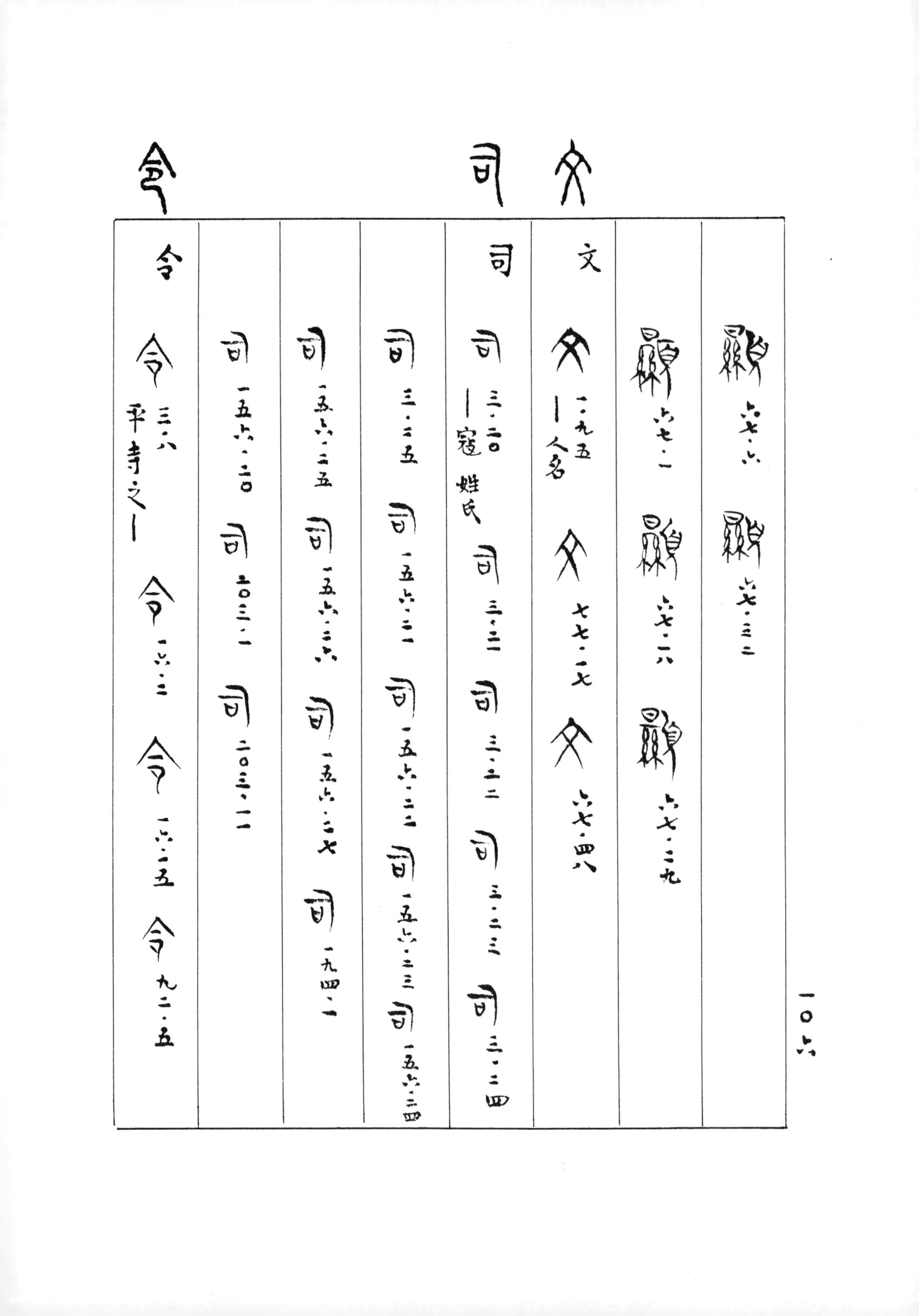

六七·六　六七·三二

六七·一　六七·六　六七·二九

文

一二九五　｜人名　七七·一七　六七·四八

司

三·二〇　｜寇　姓氏　三·二二　三·二二　三·二三　三·二四

三·二五　一五六·二一　一五六·二二　一五六·二三　一五六·二四

一五六·二五　一五六·二六　一五六·二七　一九四·一

一五六·二〇　二〇三·一　二〇三·一一

令

三·八　平寺之｜　一六·二　一六·五　九二·五

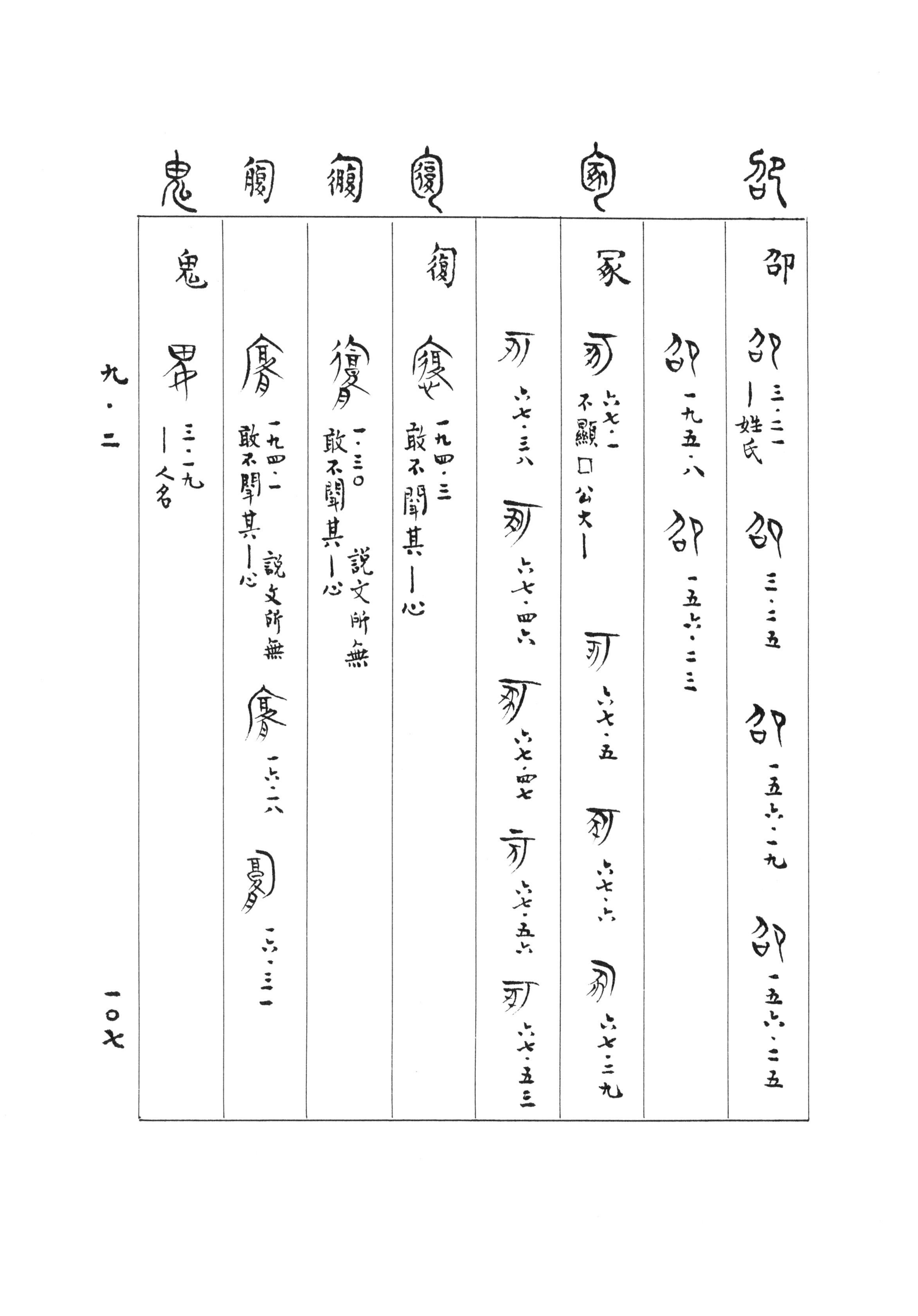

卲

三·二一 丨姓氏

三·二五

一五六·一九

一五六·二五

一九五·八

一五六·二三

家

六七·一 不顯□公大丨

六七·五

六七·六

六七·二九

六七·三八

六七·四六

六七·四七

六七·五六

六七·五三

復

一九四·三 敢不閈其丨心

一·三〇 敢不閈其丨心 說文所無

一九四·一 敢不閈其丨心 說文所無

一六·一八

一六·三一

鬼

三·一九 丨人名

九·二

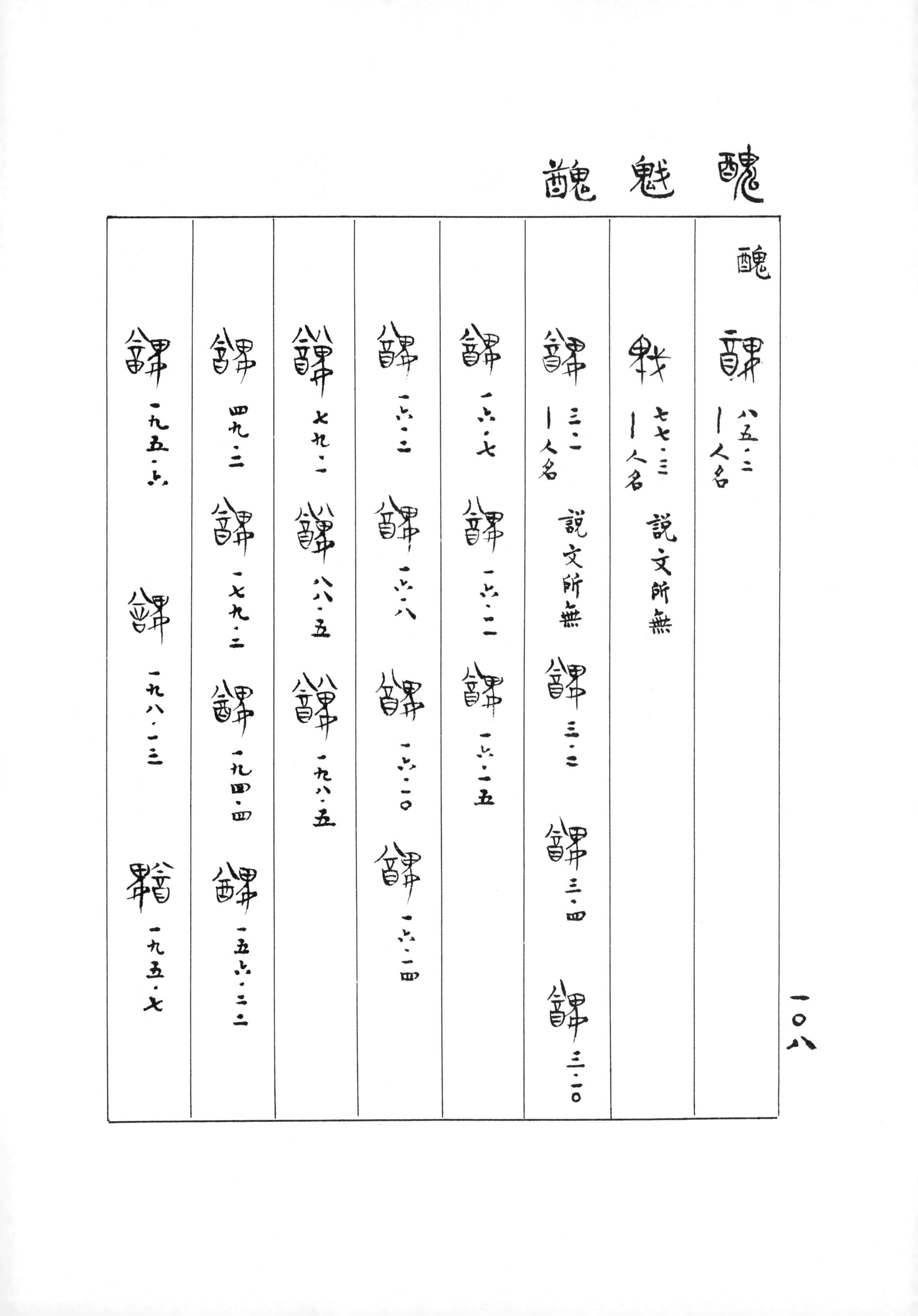

醜 ⿰鬼戈 ⿰酋鬼

醜

八五·二
｜人名

七七·三
｜人名
說文所無

三·一
｜人名
說文所無

三·二

三·四

三·一〇

一六·七

一六·一一

一六·一五

一六·二

一六·八

一六·一〇

一六·一四

七九·一

八八·五

一九八·五

四九·二

一七九·二

一九四·四

一五六·一二

一九五·六

一九八·一三

一九五·七

九·三

九二·五

三·九

九二·八

｜人名

說文所無

禺

三·二五

｜之行道

七九·一

七九·五

八五·八

｜人名

說文所無

九二·九

說文所無

而敢或敷改｜及奐

石

一九四·一

｜姓氏

勿

八五·三五

｜遷兄弟

八五·三五

易

七七·一六

｜人名

而

一·一 敢不盡從嘉之明　一·四　一·六　一·七

一·一〇　三·一　三·七　三·九　三·二〇

八五·二三　八五·二六

一·五　一·八　一·八　一·一九　一·二二

三·七　三·六　三·四　三·八　一六·二三

二〇〇·一〇　一九五·二

一·三〇　一·三〇　一九八·八　一九八·一四

一·四〇　一·四一　六七·五六

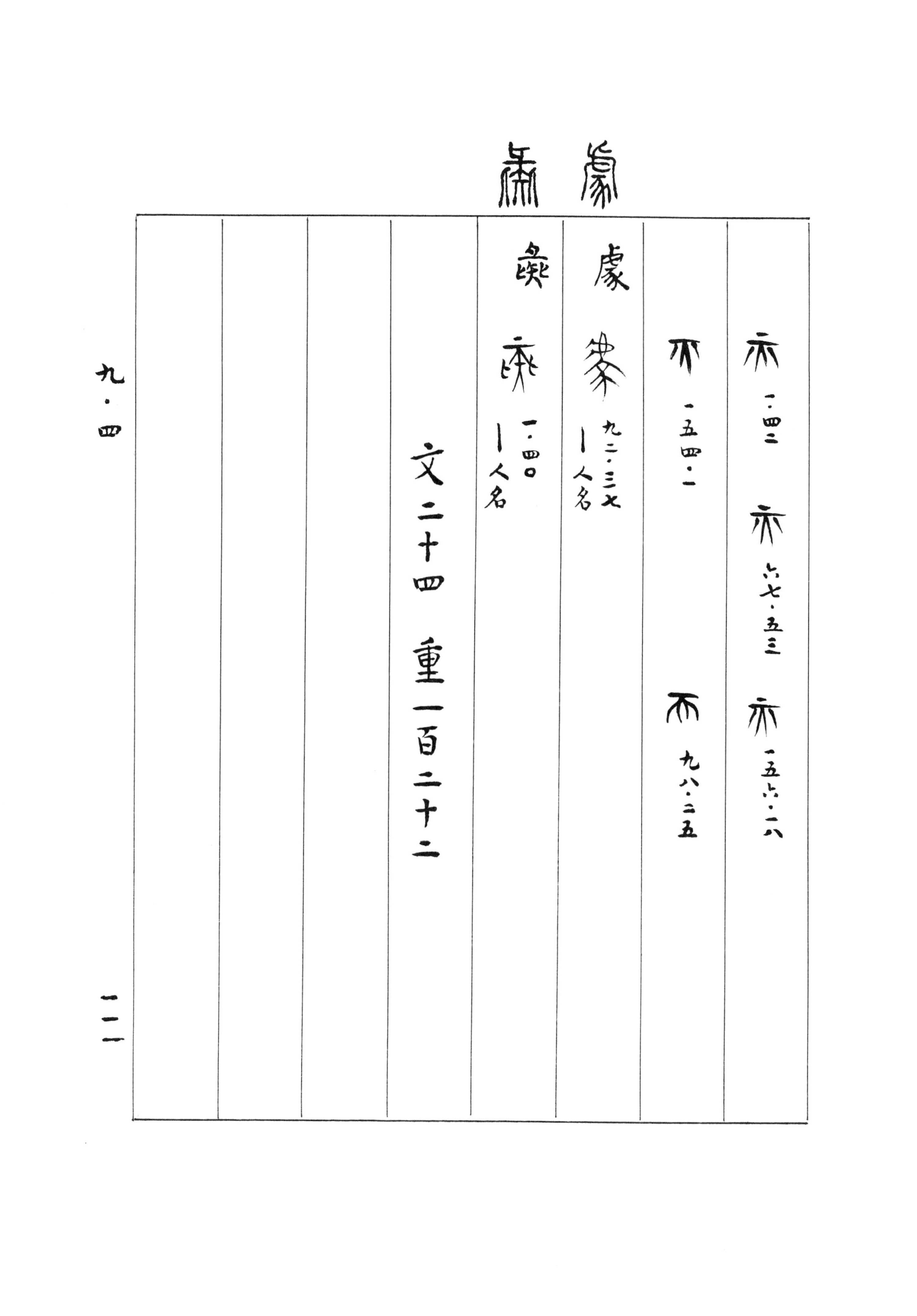

㣇 豦

一·四二

六七·五三

一五六·一八

一五四·一

九八·二五

豦

九二·三七

——人名

㣇

一·四〇

——人名

文二十四 重一百二十二

侯馬盟書字表新編

第十

字頭	出處	備注
馬	一八五：九	人名
	八五：一四	
馬	九二：七	人名
	一：七五	
	一八五：九	
	一八五：九	
駒	八八：七	人名
駕	七七：一	人名
驅	一：四	人名
	說文敺古文驅	
麐	一九四：六	人名

一〇・一

犬

一·五五

｜人名

狗

二〇〇·四

｜人名

一六·三四

獻

六七·三一

弗執弗｜

六七·三〇

六七·二

六七·三五

六七·一

六七·四

六七·一六

六七·四五

猶

三二·七

｜人名

七九·七

狂

一五二·二

｜人名

一五六·一九

｜人名

說文所無

二〇〇·五八 ｜人名 說文所無

閑

三·二〇 ｜舍

三·二二

三·二三

三·二四

三·二五

三·二六

一八·一

九一·五

一五六·二〇

一九四·二

一九四·三

一五六·二四

一七九·一八

黑

九八·二三 ｜人名

黬

一·七六 ｜人名

大

六七·一 不顯□公｜家

六七·五

六七·二四

六七·二六

一〇·二

六七・二八
六七・二一
六七・二二
六七・二四
六七・二九

六七・三一
六七・三五
六七・六
六七・三六

夷

一五六・六 麻丨非是
一九五・八

一・三〇 麻丨非是
說文所無
一・五一
一・六五

一・七八
一・八三
三・一
三・二
三・九

一五六・二九
一五六・二〇

九八・六
一七九・八
一六・七
一九八・一四

吴

一・五七 丨君其明亟覭之
一・五七

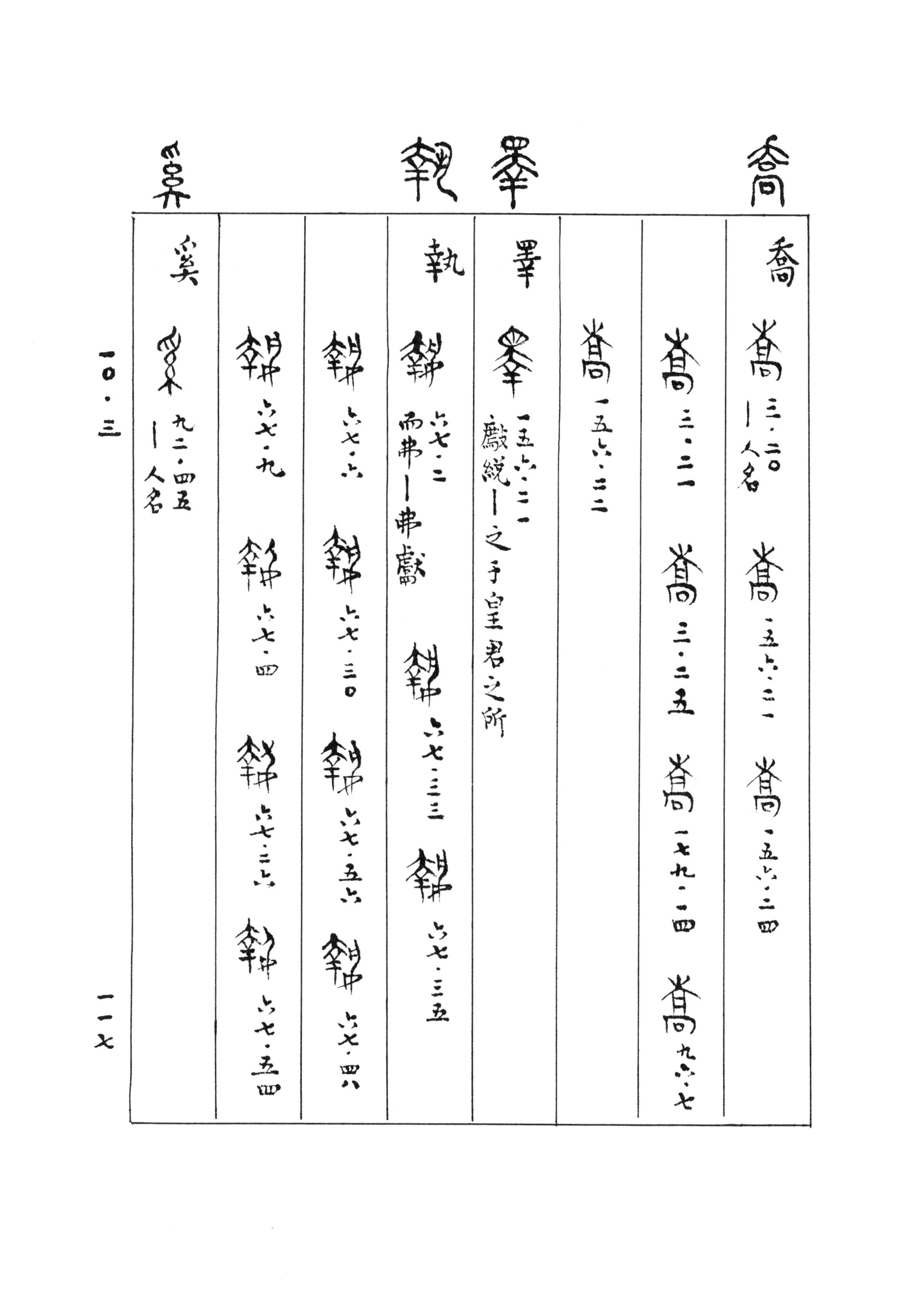

喬

- 三·二〇 丨人名
- 一五六·二一
- 一五六·二四
- 三·二一
- 三·二五
- 一七九·一四
- 九六·七
- 一五六·二二

睪

- 一五六·二一 戲繞丨之于皇君之所

執

- 六七·二 而弗丨弗獻
- 六七·二三
- 六七·三五
- 六七·六
- 六七·三〇
- 六七·五六
- 六七·四八
- 六七·九
- 六七·四
- 六七·二六
- 六七·五四

奚

- 九二·四五 丨人名

一〇·三

夫

一九四·四
｜人名

九八·二七
｜人名
說文所無

八八·一三
｜人名
說文所無

竝

一五六·三
｜人名

心

一:二
敢不閛其腹｜

一·二

一·三

一·五

三·一

三·二

三·一三

三·四

三·六

三·八

三·九

三·九

三·一二

一·一一

一·一六

一·三五

一〇·四

志

一·九六
三·三
九八·一五

一·三 敢有丨
一·二
一·四
一·五

一·六
三·二
三·二
三·三
三·四

三·五
一六·五
一六·六
一六·八
一六·一〇

一·五六
二〇〇·五九

悳

三·七 丨人名
三·九
一六·一五
一六·一七

一六·三〇
一六·三三
一六·三七
一五六·九

一七九·七
一六·四
一九八·九
九八·六

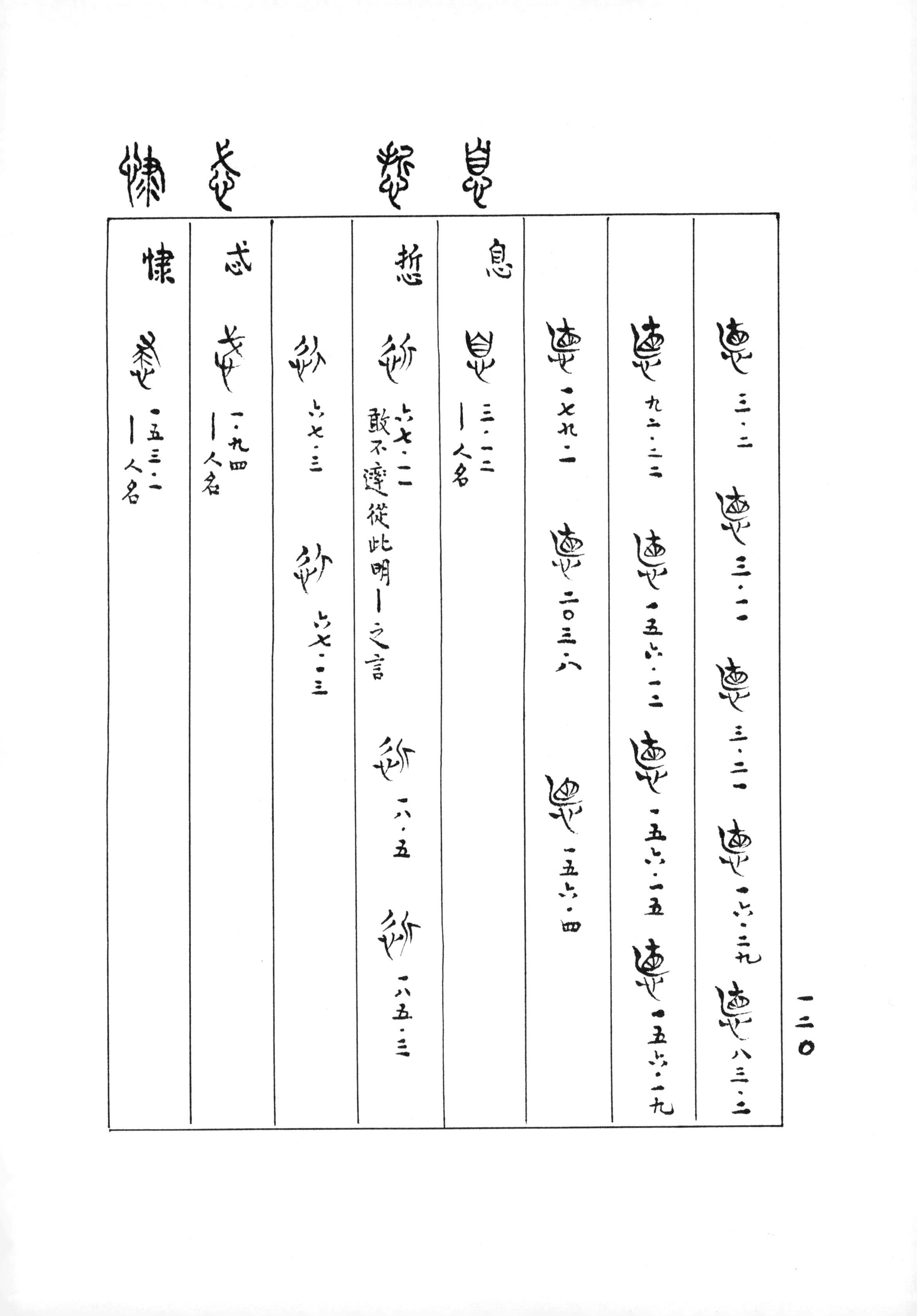

三·二 三·一一 三·二一 一六·二九 八三·二

九二·二三 一五六·一三 一五六·一五 一五六·一九

一七九·一 二〇三·八 一五六·四

息

三·一二 |人名

悊

六七·二 敢不遵從此明|之言 一六·五 一六五·三

六七·三 六七·一三

忒

一·九四 |人名

悚

一五三·一 |人名

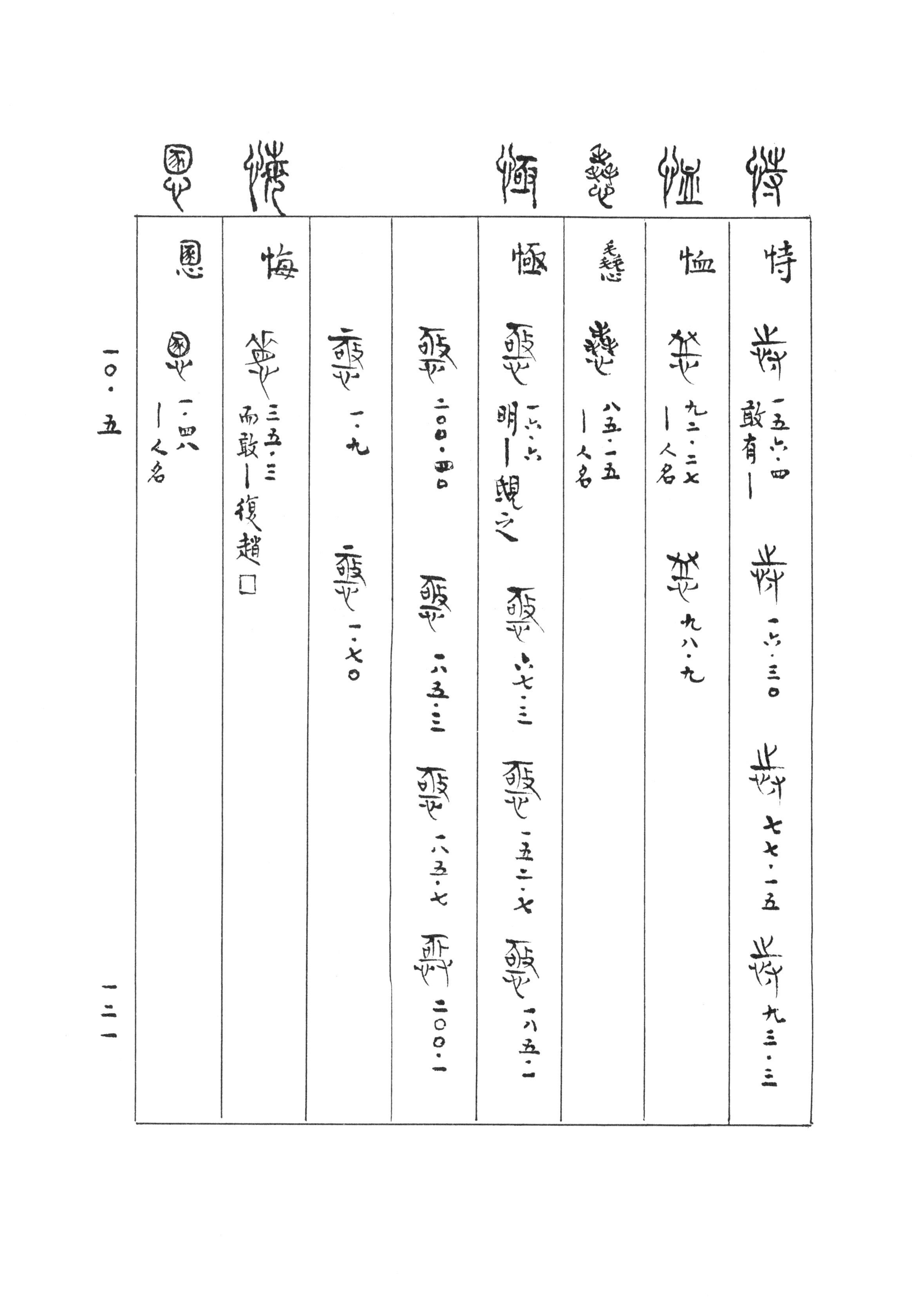

恃
一五六·四 敢有丨
一六·三〇
七七·一五
九三·三

恤
九二·二七 丨人名
九八·九

⿱毳心
八五·一五 丨人名

⿰忄亟
一六六·六 明丨覗之
六七·三
一五二·七
一八五·一
二〇四·四〇
一六五·三
一六五·七
二〇〇·一
一·九
一·七〇

悔
三五·三 而敢丨復趙□

慁
一·四八 丨人名

悉	窓			隊		禮	愓
二〇〇・一一 ～人名 說文所無	九二・三〇 ～人名 說文所無	一八五・三；二〇〇・四；一五六・二五	一五六・二三；一五六・二四；一五六・二六；一七九・一七	三六・三；七九・三；九六・九；一五六・二二	三・一九 ～人名 說文所無；三・二〇；三・二五	七五・六 明～覭之 說文所無	愓 一六・三 余不敢～茲

悆　⿱聿心　⿰弓⿱㠯心　⿰亻⿱㠯心

九二·二六 而敢或一改 說文所無
一五四·二

一·四五 而敢不一從嘉之明 說文所無

一·九九 一人名 說文所無

三·二六 一人名 說文所無

文五十 重一百五十六

一〇·六

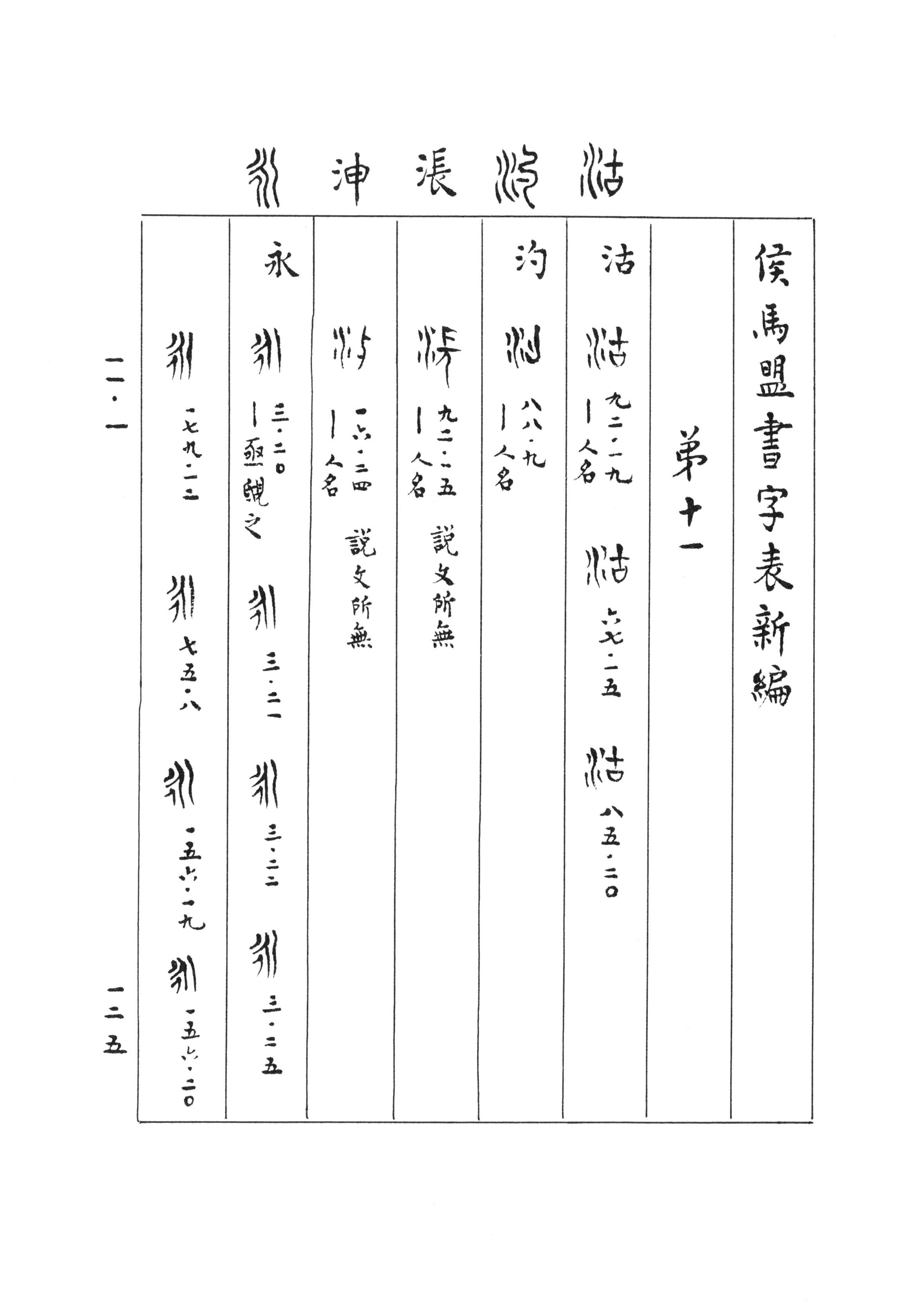

侯馬盟書字表新編

第十一

永 沖 涱 汋 沽

一一·一

字頭	出處	備注
沽	九二·一九	｜人名
	六七·一五	
	八五·二〇	
汋	八八·九	｜人名
	九二·一五	｜人名 說文所無
	一六·二四	｜人名 說文所無
永	三·二〇	｜亟覞之
	三·二一	
	三·二三	
	三·二五	
	一七九·一三	
	七五·八	
	一五六·一九	
	一五六·二〇	

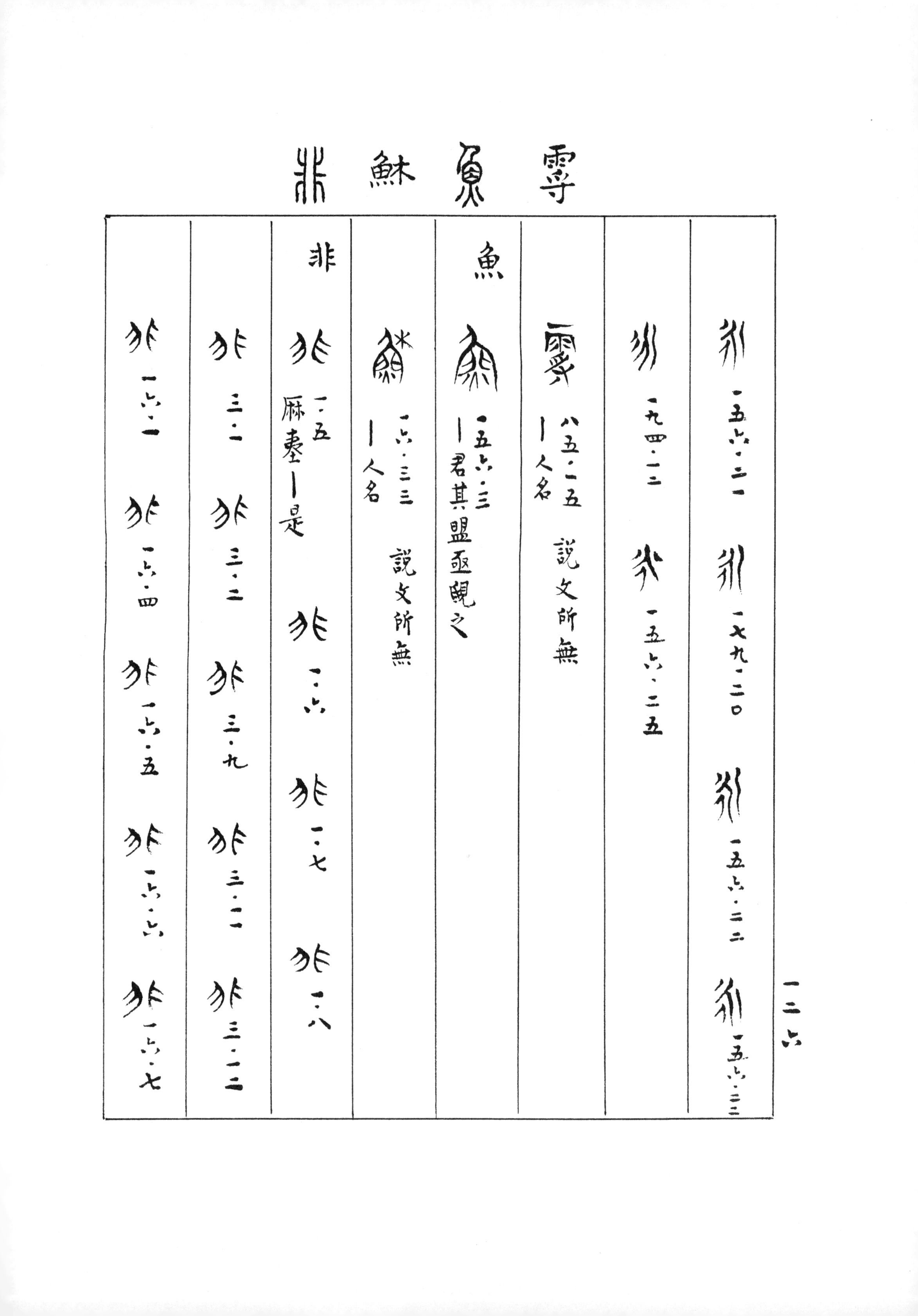

雩 魚 穌 非

一五六・二一
一七九・二〇
一五六・二二
一五六・二三

一九四・一三
一五六・二五

八五・一五
一人名
說文所無

魚
一五六・三
一君其盟亟覭之

一六・三三
一人名
說文所無

非
一・五
麻夷一是
一・六
一・七
一・八

三・一
三・二
三・九
三・一一
三・一二

一六・一
一六・四
一六・五
一六・六
一六・七

外 一八·二
外 一八·五
外 三六·一
外 二〇〇·一

外 二〇〇·二
外 二〇〇·三
外 二〇〇·四
外 二〇〇·五

外 二〇〇·八
外 二〇〇·一〇
外 一五六·一九
外 一五六·二〇

外 一五六·二一
外 一五六·二二

文九 重四十二

侯馬盟書字表新編

第十二

不

不

不 一：一 敢丨閛其腹心
不 一：二
不 一：三
不 一：四

不 一：六
不 一：七
不 一：八
不 一：一〇
不 三：一

不 三：三

不 一：三
不 一：四
不 一：五
不 一：二六
不 三：二

不 三：六
不 三：七
不 三：一一
不 三：一三
不 三：一七

不 一六：一
不 一六：七

一二・一

一·五〇 一·五〇 二〇三·四 二〇三·四

九二·四三

臺

一五六·七 ｜人名

西

八五·三 ｜人名

一·二二 說文所無 敢不｜其腹心

一·二四 一·二六

一·四〇 一·四一 一·四四 一·五五 一·六三

三·二 三·三 三·五 三·六 三·一〇

一·六·二 一·六·二

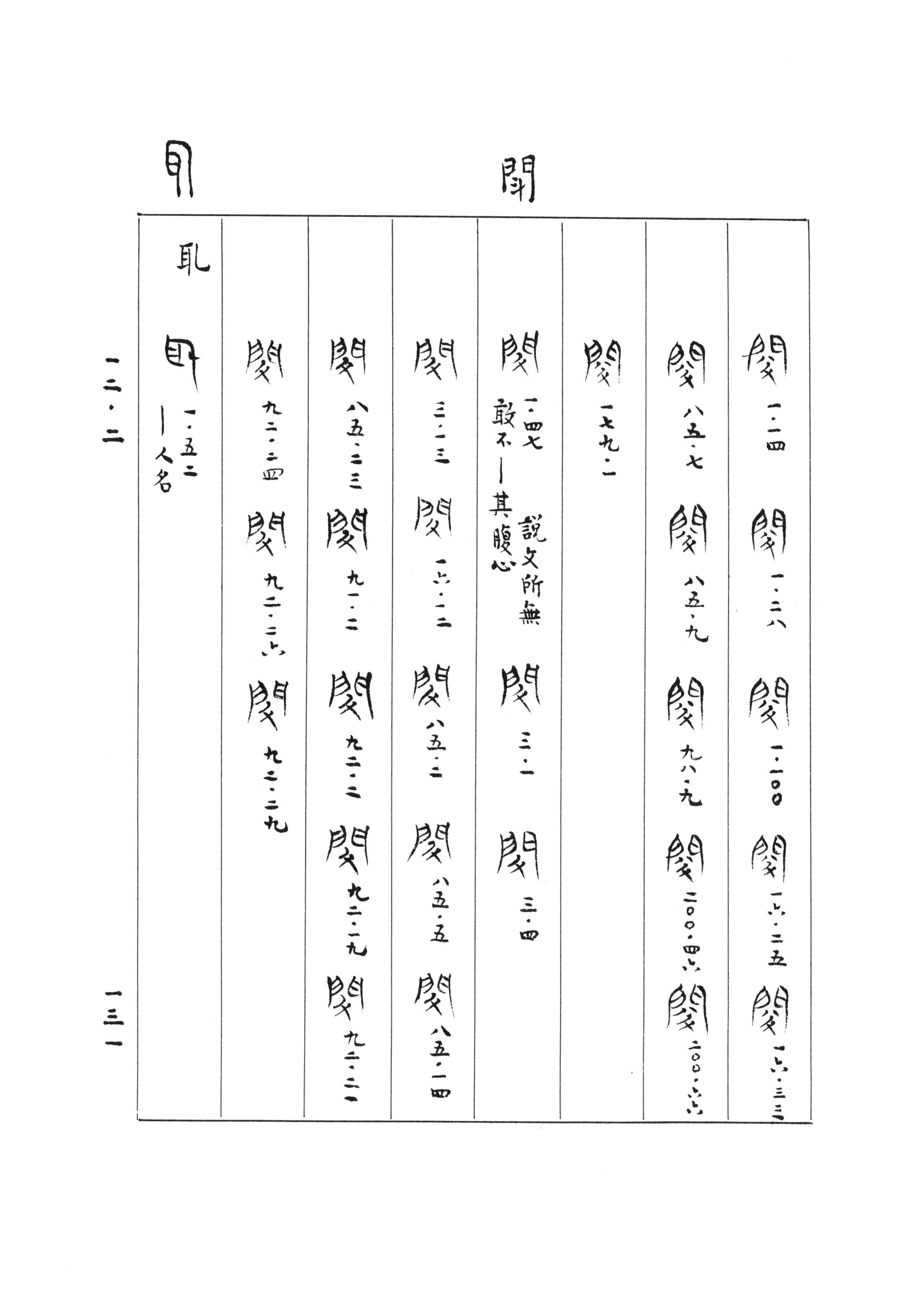

一二·二

閗

一·二四
一·二八
一·一〇〇
一六·二五
一六·三三

八五·七
八五·九
九八·九
二〇〇·四六
二〇〇·六六

一七九·一

一·四七
敢不一其腹心
說文所無
三·一
三·四

三·一三
一六·一二
八五·二
八五·五
八五·一四

八五·二三
九一·二
九二·二
九二·一九
九二·二一

九二·二四
九二·二六
九二·二九

耴

一·五二
一人名

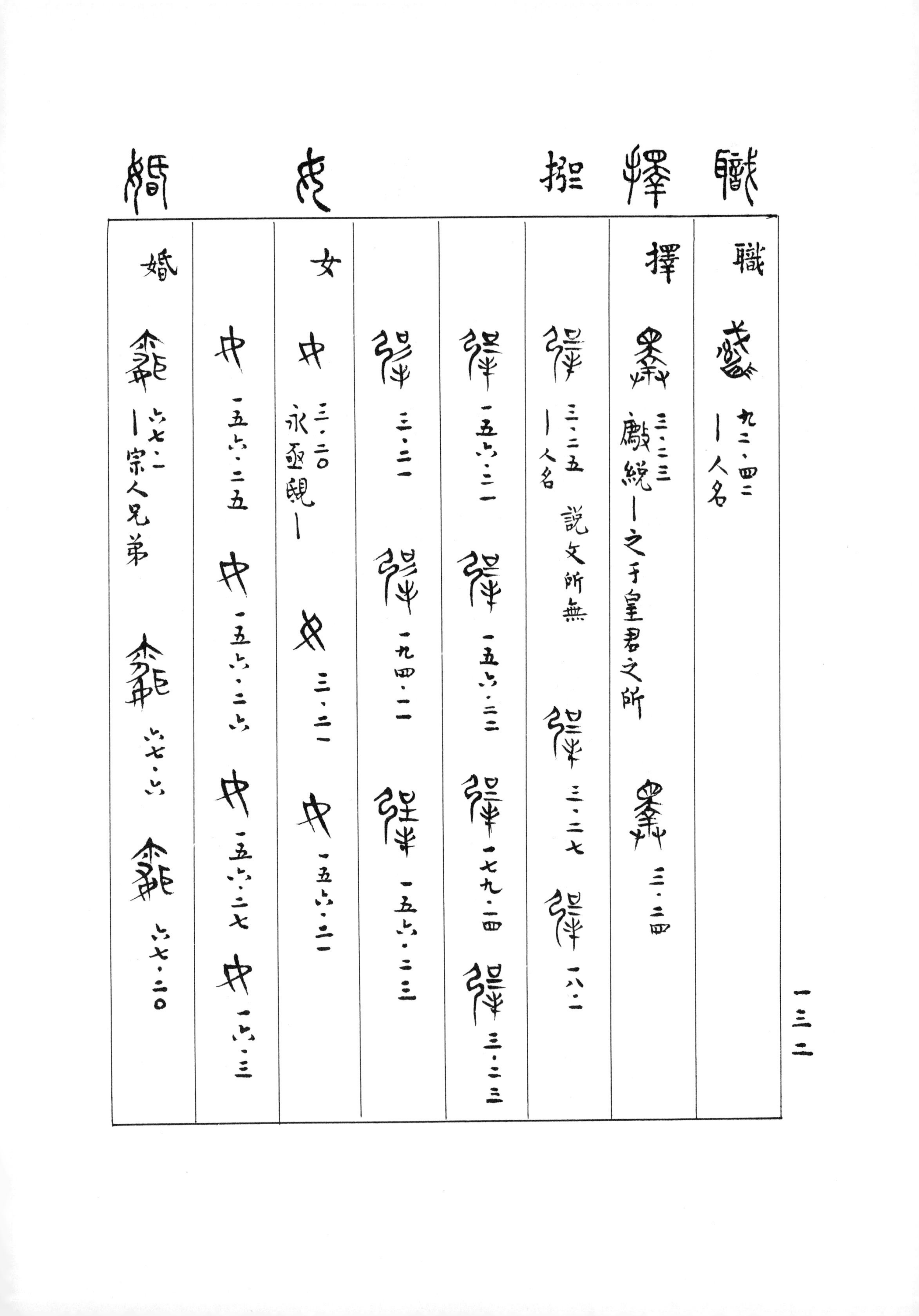

職

九二·四二 ｜人名

擇

三·二三 歔繞｜之于皇君之所

三·二四

三·二五 ｜人名 說文所無

三·二七

一八·二

一五六·二二

一五六·二三

一七九·二四

三·二三

三·二二

一九四·二二

一五六·二三

女

三·二〇 永亟䙷｜

三·二二

一五六·二二

一五六·二五

一五六·二六

一五六·二七

一六·二三

婚

六七·二 ｜宗人兄弟

六七·六

六七·二〇

弗

龏 六七・三八
龏 六七・二
龏 六七・三
龏 六七・二一

龏 六七・二四
龏 六七・二九

龏 六七・二六
龏 六七・四
龏 六七・四
龏 六七・七

弗
弗 六七・二一 —執—獻
弗 六七・三〇

弗 三・二三
弗 三・二三
弗 三・二五
弗 六七・五

弗 六七・六
弗 六七・一〇
弗 六七・一三

弗 六七・一
弗 六七・二
弗 六七・三
弗 六七・四

弗 六七・六
弗 六七・九
弗 六七・一三
弗 六七・二八

一二・三

六七・二一

氏

一六・二九 麻臺非一

九六・八

二〇〇・三

二〇〇・一

二〇〇・二八

二〇〇・四六

八五・一九

或

一・一 而敢一般改

一・三

一・四

一・五

三・一

三・二

三・四

三・五

三・六

一六・四

一五六・一九

一・四

一六・五

一六・一三

一六・三六

六七・一〇

六七・一五

六七・二六

六七・三一

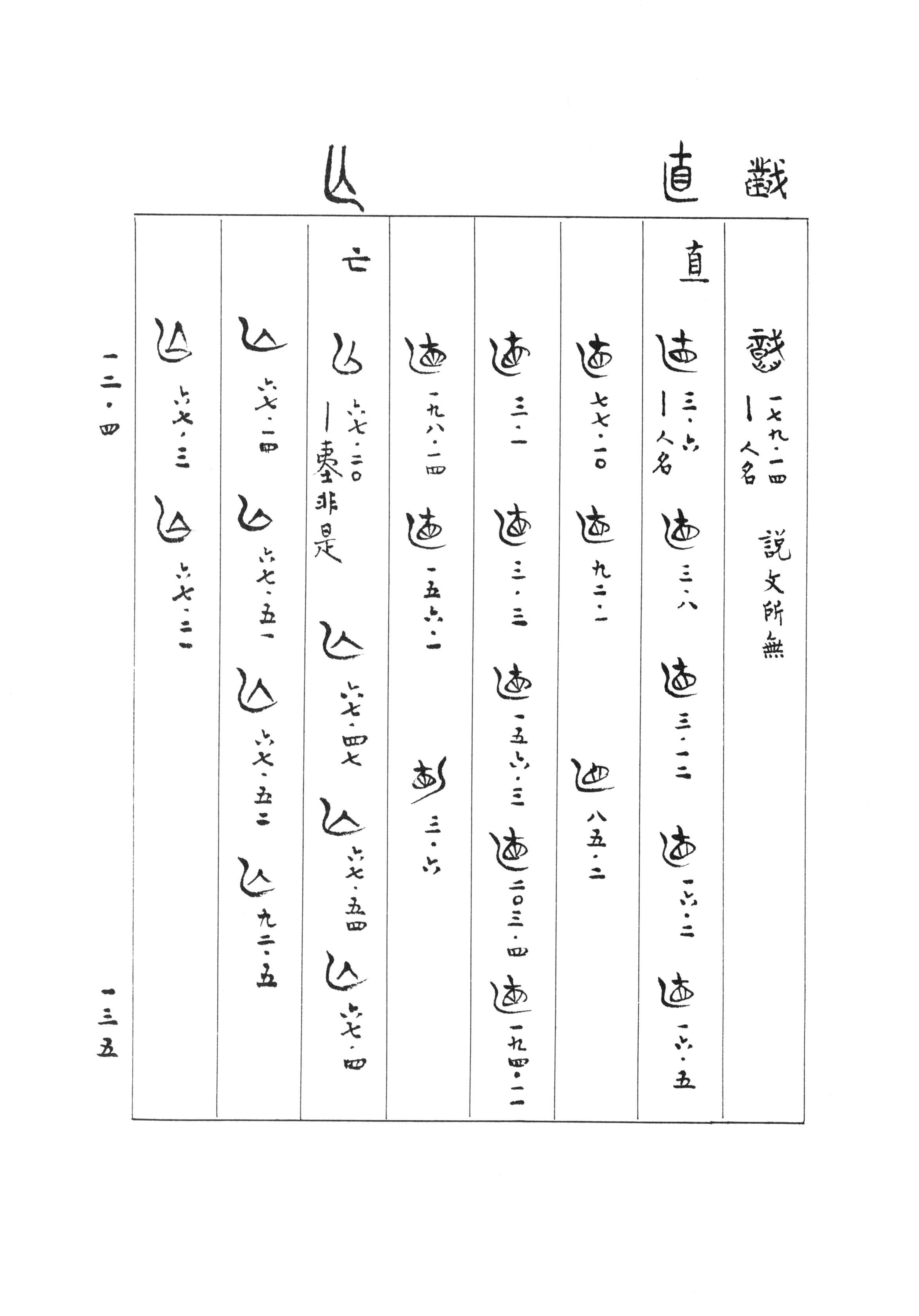

戠　直　亾

戠
一七九·二四 丨人名
說文所無

直
三·六 丨人名
三·八
三·一二
一六·二
一六·五
七七·一〇
九二·一
八五·二
三·一
三·三
一五六·三
一〇三·四
一九四·二
一九八·二四
一五六·一
三·六

亡
六七·二〇 丨橐非是
六七·四七
六七·五四
六七·四
六七·二四
六七·五一
六七·五二
九二·五
六七·三
六七·二

一二·四

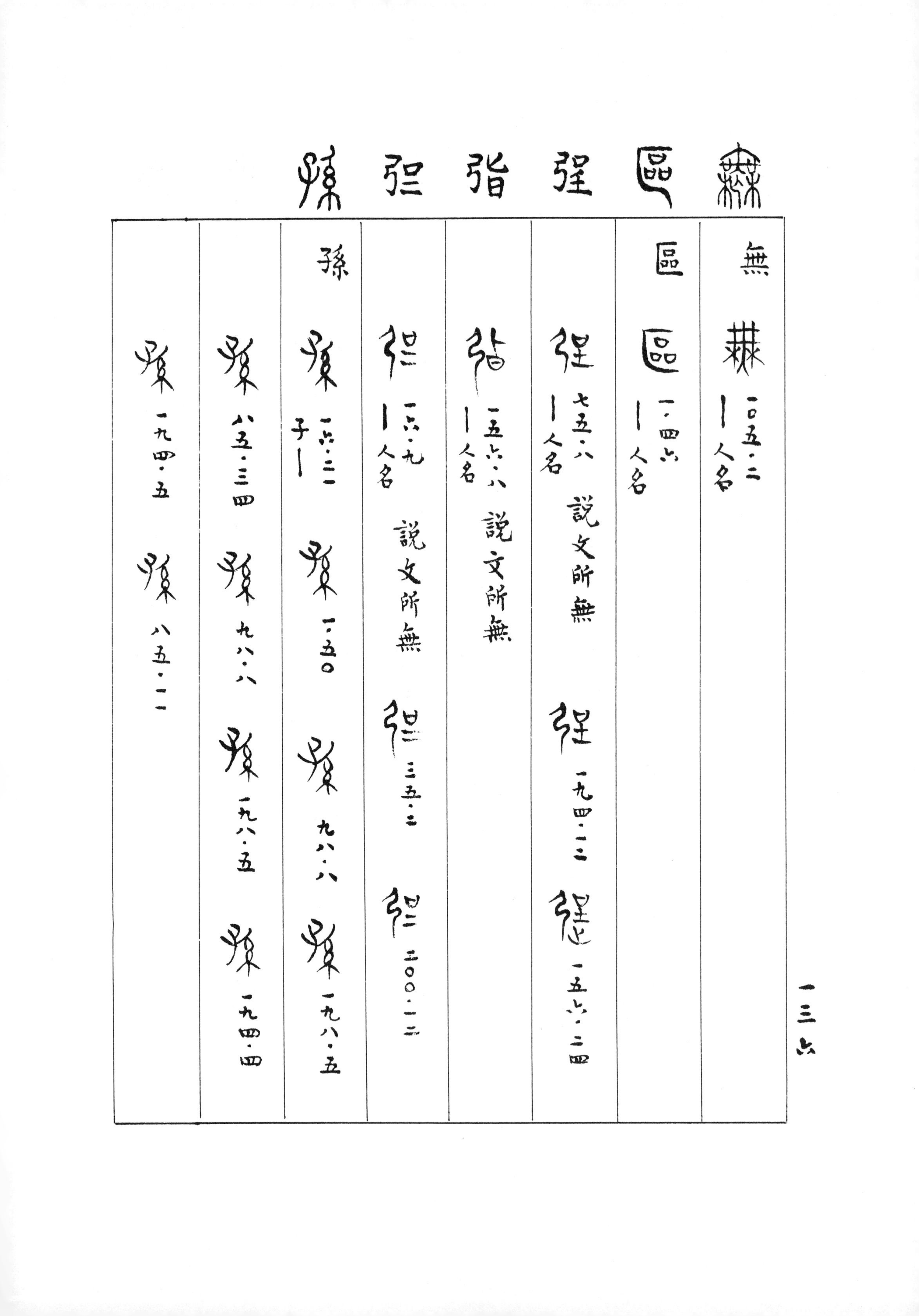

無

一〇五·二
丨人名

區

一·四六
丨人名

七五·八
丨人名
說文所無

一九四·二

一五六·二四

一五六·八
丨人名
說文所無

一六·九
丨人名
說文所無

三五·二

二〇〇·一二

孫

一六·二
子丨

一·五〇

九八·八

一九八·五

八五·三四

九八·八

一九八·五

一九四·四

一九四·五

八五·一一

一·一 一·三 一·四 一·五 一·六

三·二 三·四 三·六 三·一〇 三·一一

一六·一 一六·三 一六·七

九二·一 二〇〇·二五 二〇〇·三九 一五六·二三

九二·二

文二十三 重一百九十

侯馬盟書字表新編

第十三

繹

繹

繹 一八：二 戲綐｜之皇君之所

繹 一五六：二四

繹 一五六：二五

繹 一五六：二六

繹 九一：五

繹 一七九：一二

繹 一七九：一三

繹 一七九：一四

繹 一九四：一二

繹 一八五：六

繹 一八五：二

繹 一七九：一五

繹 一五六：二七

繹 三：二二

繹 三：二五

繹 一八：三

繯

繯

繯 四九：二 ｜人名

一三·一

結 綃 緰 綐

結

- 結 三・二〇 丨人名
- 結 三・二一
- 結 三・二三
- 結 三・二四
- 結 三・二五
- 結 一五六・二〇
- 結 一五六・二一
- 結 一五六・二二
- 結 八六・一
- 結 八八・一二
- 結 一五六・二三
- 結 一五六・二四
- 結 一五六・二五

綃

- 綃 一五六・一九 丨人名
- 綃 一六・一九

緰

- 緰 一五六・二四 敢丨出入于趙口及大子孫
- 緰 探八③・二
- 緰 七九・三

綐

- 綐 三・二〇 𢿭丨繹之皇君之所 說文所無
- 綐 三・二二
- 綐 一八・一
- 綐 一八・三
- 綐 一八五・二
- 綐 一五六・二五
- 綐 一七九・一三
- 綐 一七九・二四
- 綐 一六・二二
- 綐 二〇〇・四九
- 綐 一五六・二七

繹

一五六·二〇　一五六·二三　一五六·二六　一九四·一二

一五六·一九　一五六·二一

一五六·一九　戲䌸—之皇君之所　說文所無　一五六·二〇　一五六·二二

一五六·二三　七七·六

素

𧕑　二〇〇·六六　—人名　一六·二

蠆

蠆　九二·二〇　—人名

蚩

八五·三五　—其明亟覞之　說文所無

螽

一五六·二六　—人名　說文所無　一八五·二　探八③·二

一三·二

蠱
蠱 一〇五·一 丨人名

二
二 一·四 不守丨宫者
二 一·五
二 一·六
二 一·七

二 一·八
二 一·二
二 三·一
二 三·五
二 三·九

二 三·二
二 一六·二
二 一六·五
二 一六·七
二 三五·一

二 一·九
二 一·〇
二 二·五
二 三·三
二 三·四

二 三·八
二 一六·一〇
二 一七九·一
二 九二·二四

二 一·三〇
二 一·四八
二 一·五一
二 三·三
二 五六·一三

亟
亟 一·三 明丨覡之
亟 一·四
亟 一·三
亟 一·二四

啟 三·一三　啟 三·一四　啟 三·二〇　啟 三·二一　啟 三·二二
啟 六·二　啟 一六·七
啟 一·八　啟 一·二一　啟 一·三四　啟 一·九五　啟 三·一六
啟 三·二五　啟 三五·九
啟 一·五八　啟 一六·五　啟 六七·一　啟 六七·二　啟 八五·三
啟 九六·四　啟 二〇〇·一〇
啟 一九八·五
啟 一·七二　啟 一·八三　啟 七五·八　啟 二〇〇·二一　啟 二〇〇·二三
啟 一·二六

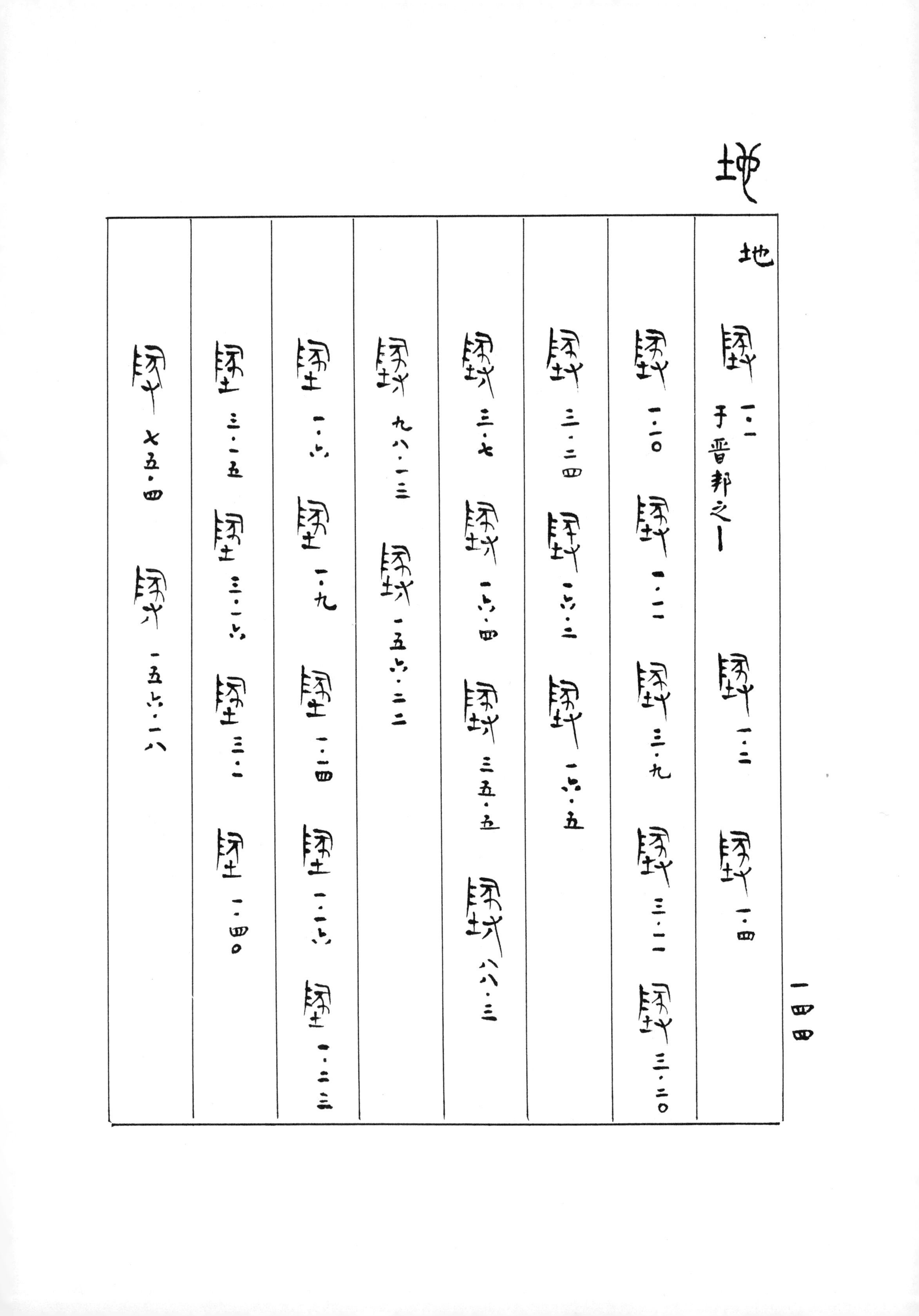

地

地

一·一 于晋邦之一
一·二
一·四

一·一〇
一·一一
三·九
三·一一
三·二〇

三·二四
一六·二
一六·五

三·七
一六·四
三五·五
八八·三

九八·一三
一五六·二二

一·六
一·九
一·一四
一·一六
一·二三

三·一五
三·一六
三·一
一·四〇

七五·四
一五六·一八

助　⿰土志

九一·五
一五六·三

一·五七
定宮平丨之命　說文所無

一·二
而敢或敍改丨及奐畀　說文所無
一·二
一·五

一·七
一·九
三·一
三·九
三·二

三·一五
三·一六
一六·一

一·六六
一·五一
一·四〇

一五六·四
三·三
一〇〇·一〇
三·四

八八·五
九二·二二
九八·二二
一七九·一
一九八·二

一三·四
一四五

一·三八　三·一三　一六·二　一六·六　二〇〇·八

二〇〇·一五　一六·四　一六·三〇

七七·二　八五·一九

一·二〇　一·五二　一·五五　一·五三　一·八五

三·六　三·八　一六·三八　四九·一

九二·三　八五·一一　八五·三四　九二·一三

七七·六　九二·三五　九二·四七　一六二·二

九二·二　九八·六　二〇〇·七一

勪  

二〇三·八

八五·一〇
而敢或般改丨反奠畀
說文所無

九八·二五

九八·二六

九二·一二

八五·一二
丨人名
說文所無

一五六·二三

一五六·二七

三·二八
丨人名
說文所無

一七九·一九

一九四·一二

一九四·一二

一五六·二九

一五六·二五

文二十　重二百零三

侯馬盟書字表新編

第十四

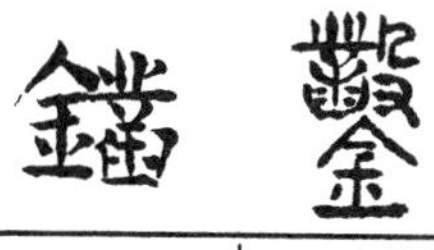

一五六·二五 ｜人名

一五六·二二

一五六·二三

一五六·二〇 ｜人名 說文所無

一五六·二六

一五六·二七

一七九·一三

三·二一

三·二〇

三·二六

一七九·一八

八八·一三

一八五·二

一八五·四

一九四·二

一五六·二一

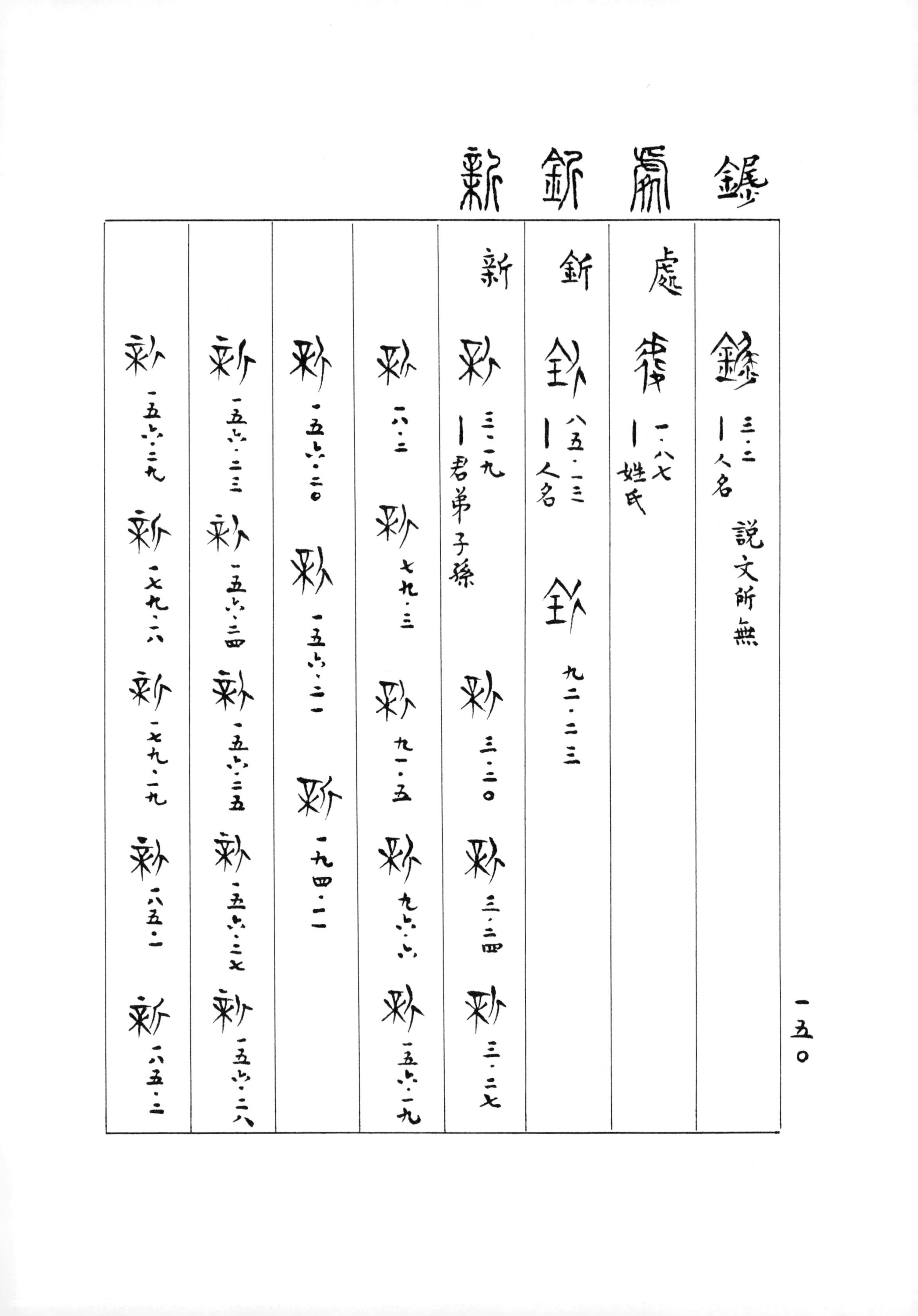

鏤 處 釿 新

鏤
三·二 ｜人名 說文所無

處
一·八七 ｜姓氏

釿
八五·一三 ｜人名
九二·二三

新
三·一九 ｜君弟子孫
三·二〇
三·二四
三·二七

一六·二
七九·三
九一·五
九六·六
一五六·一九

一五六·二〇
一五六·二一
一九四·二一

一五六·二三
一五六·二四
一五六·二五
一五六·二七
一五六·二八

一五六·二九
一七九·六
一七九·一九
一六五·一
一六五·二

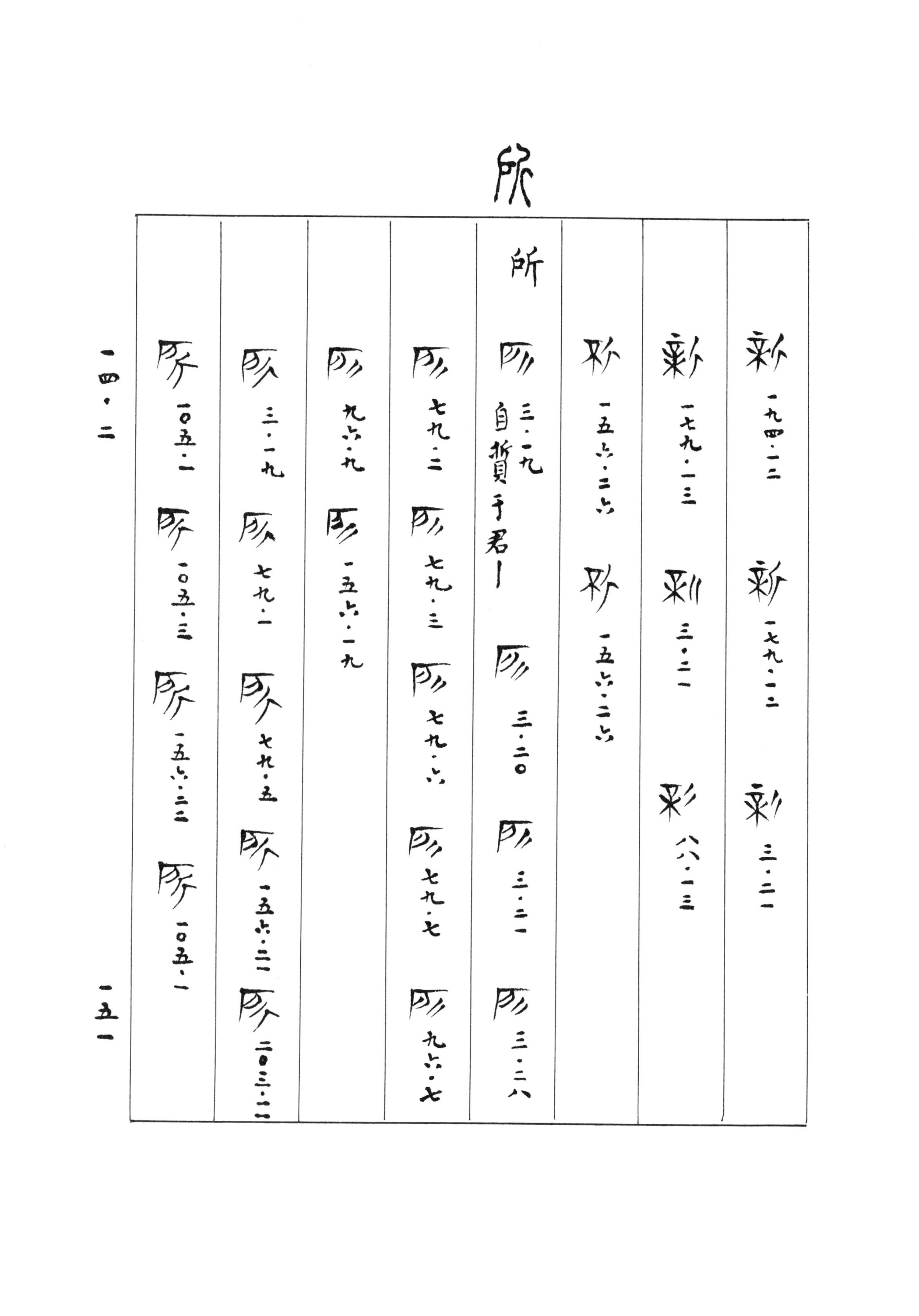

所

一四·二

一九四·一二
一七九·一二
三·二一

一七九·一三
三·二一
八八·一三

一五六·二六
一五六·二六

所
三·一九 自貲于君丨
三·二〇
三·二一
三·二八

七九·二
七九·三
七九·六
七九·七
九六·七

九六·九
一五六·一九

三·一九
七九·一
七九·五
一五六·二
二〇三·二一

一〇五·一
一〇五·三
一五六·二二
一〇五·一

七五·八

八六·一

一五六·二六

一五六·二七

一八·五

輔

八八·一

｜姓氏

一七九·五

｜人名

說文所無

二〇三·七

｜人名

說文所無

一·六九

｜人名

說文所無

陽

一九五·七

｜人名

隥

三·二七

｜人名

七九·三

一五六·二〇

一五六·二七

陞　阽

一四·三

一五六·一九　一七九·一〇

三·一九　八八·一三　一五六·二一　一五六·二三

一五六·二五　一七九·一三

阽　一六·一〇　｜人名　說文所無

陞　三·二一　｜人名　說文所無　一六·八　三·二三　七五·八

八八·一三　一五六·一九　一五六·二　一五六·二三　一五六·二五

一七九·一三　一七九·一四　一七九·一〇　一八五·二　一九四·一二

一九五·八　二〇三·九

⿰阝寺

一·三 說文所無 定宮平丨之命

一·四

一·五

一·七

三·三

三·六

三·七

三·一二

三·一三

一六·一

一六·四

一·一二

一·四

一·四二

一·五一

一·五三

三·一

三·二

三·五

⿰阝志

一·四三 說文所無 定宮平丨之命

一五六·二

一九八·一三

阩

三·二二 丨人名 說文所無

九一·五

一五六·二三

一五六·二九

探八㊂·二

一九四·一一

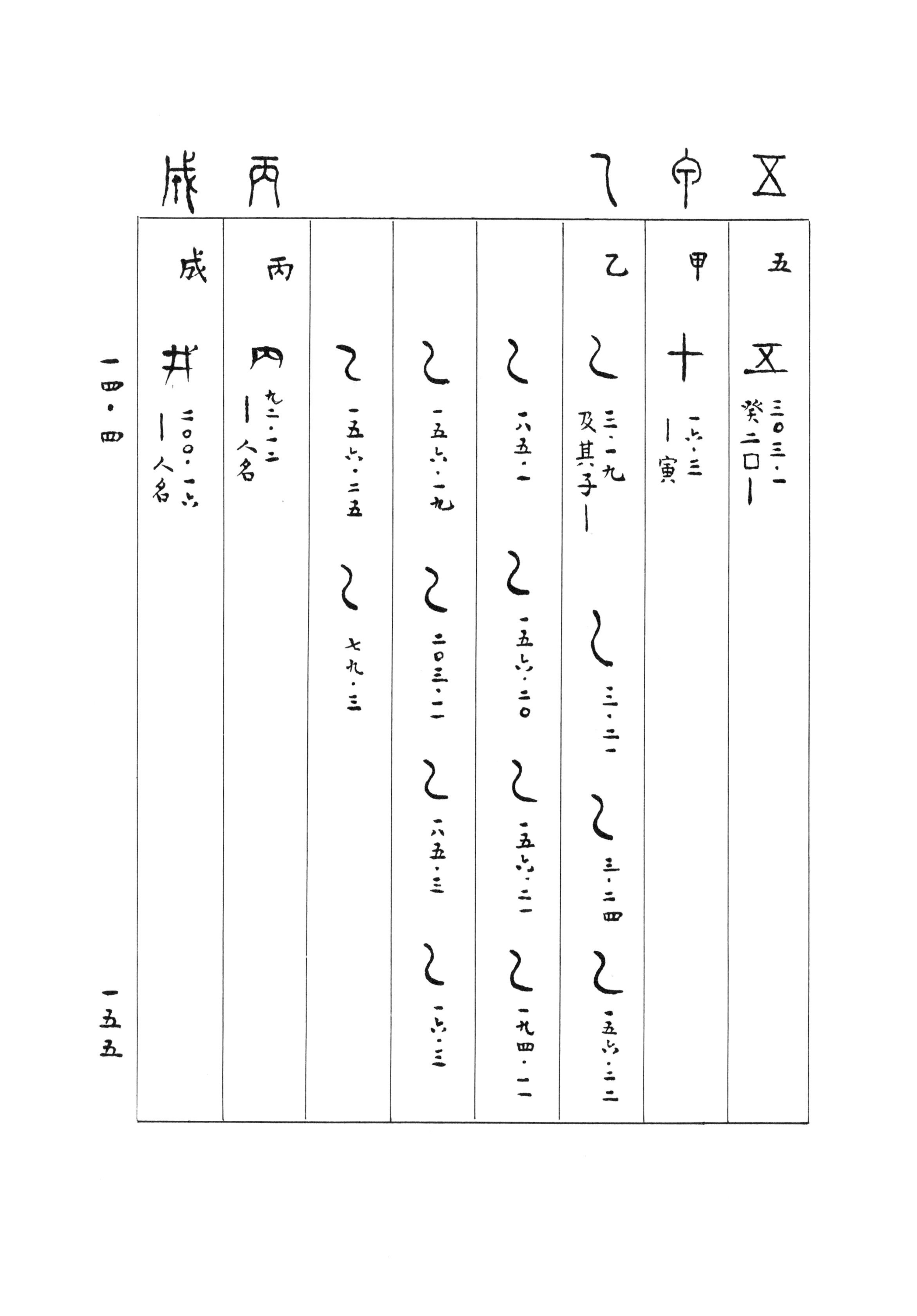

五
三〇三·一　癸二口丨

甲
一六·三　丨寅

乙
三·一九　及其子丨
三·二一
三·二四
一五六·二二

一八五·一
一五六·二〇
一五六·二一
一九四·一一

一五六·一九
二〇三·一一
一八五·三
一六·三

一五六·二五
七九·三

丙
九二·一二　丨人名

成
二〇〇·一六　丨人名

一四·四

癸

三〇三·一
丨二〇五

子

一·一 丨孫
一·三
一·四
一·五
一·六

一·八
三·四
三·六
三·一〇
三·一一

三·一五
一六·一
一六·二
一六·七
一六·八

七五·三
七五·五
七五·六
七七·一
七七·三

一五六·二
一五六·四
一五六·五
二〇〇·四二
二〇〇·四五

九二·一〇

孟

一·二二 從子趙丨之明

一四・五

㚤 三五・六 —人名 說文所無

丑 一六・三 乙—

寅 八五・三一 甲— ／ 一〇五・二 ／ 一六・三

卯 九八・一三 —人名 ／ 一・七二 ／ 一五六・七

以 一・二 —事其室 ／ 一・二 ／ 一・一〇 ／ 一・一一

一・一三 ／ 一・一五 ／ 一・一六 ／ 三・一 ／ 三・二

三・三 ／ 三・四 ／ 三・六 ／ 三・八 ／ 三・九

一六・一 ／ 一六・二 ／ 一六・七 ／ 一六・九 ／ 一六・一四

二〇〇·四 二〇〇·五

午 一九六 ｜人名

亥 一九四·五 ｜人名

文三十三　重一百八十一

全書文四百六十八　重三千零一十三

合文

大夫

一六·三

一六·三

子孫

一·二

一·三二

一·三三

一·九九

三·三

三·二

三·五

三·七

一六·四

七七·四

一五六·二五

一五六·二五

三·七

九一·五

九一·五

九一·五

一五六·二三

之所

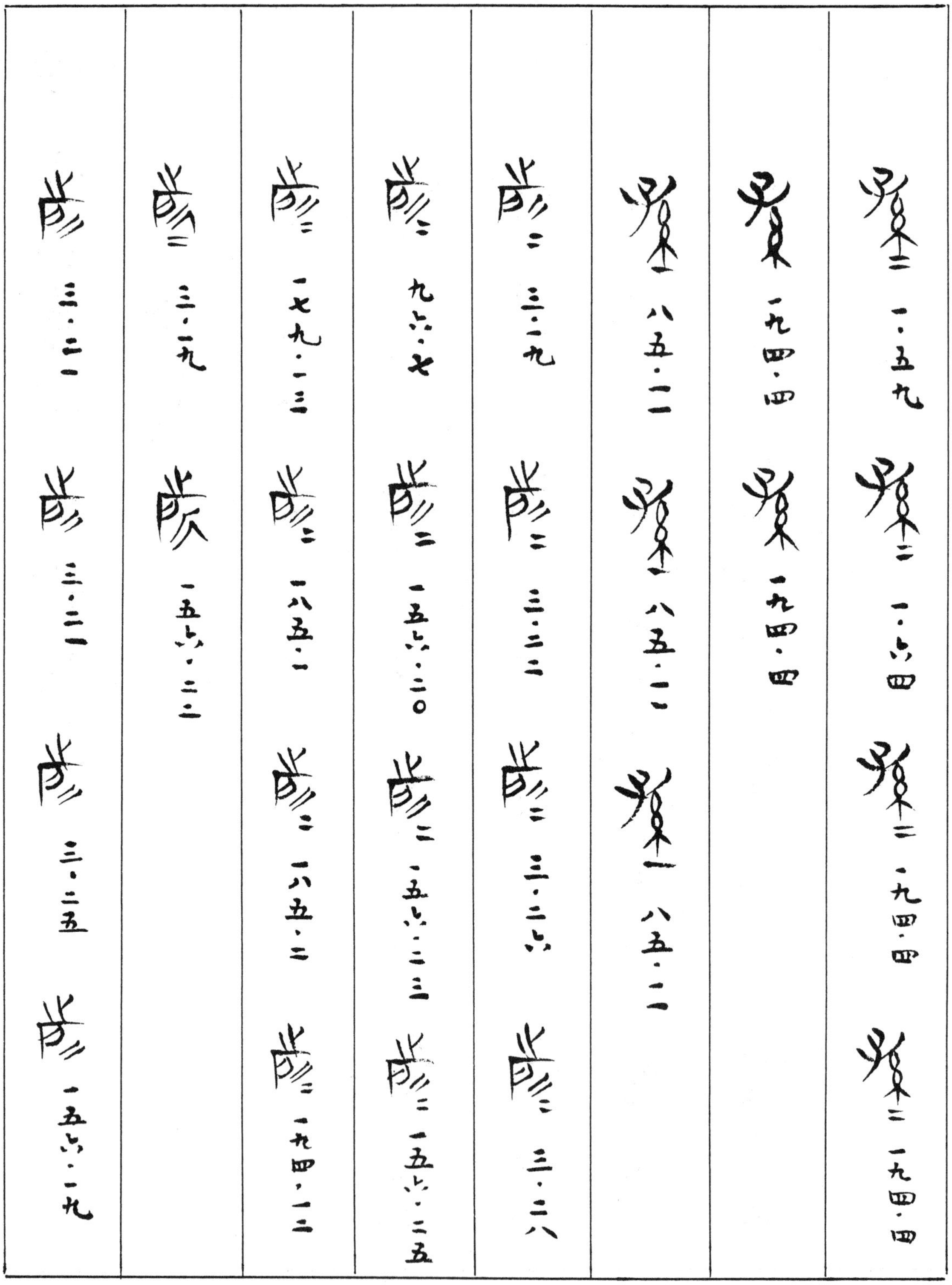
一·五九
一·六四
一九四·四
一九四·四
一九四·四
一九四·四
八五·二
八五·二
八五·二
三·二九
三·二二
三·二六
三·二八
九六·七
一五六·二〇
一五六·二三
一五六·二五
一七九·一三
一八五·一
一八五·二
一九四·一二
三·一九
一五六·二二
三·二一
三·二一
三·二五
一五六·一九

至于

邯鄲

一五六·二三 一九四·一二 一九四·一三 一八·三

一八·一

一八五·九

三·一九 三·二二 三·二三 三·二五

七九·八 八六·一 八八·四 一五六·二三

一五六·二五 一八五·二 一八五·三 一九四·一二

二〇三·一〇 一七九·一五 一九四·一三

一五六·二六

鄂 一五六·一九 鄂 一五六·二四 鄂 一六·四

合文五 重六十六

存疑字

六七·四
丨公大冢

學界曾釋晉釋幽釋出釋茁釋岳，無定論。
今將該字之不同形體列後，入存疑。

 六七·二
 六七·三二
 六七·五四
 六七·五一

 六七·一
 六七·一二

一九五·一
丨人名

學界曾釋尼釋北釋化釋弧釋低，無定論。
今將該字不同形體列後，入存疑。

 一七九·五
 三五·九
 九二·六
 二〇〇·一一

 八八·六
 九八·三
 一六·三〇
 一·四一

 一：六

 一六：三 甲寅丨

初摹作朏字，孤例。後出之溫縣盟書，記日多用朔。重核侯馬盟書原件，惜時隔數年字已漫漶，未果。存疑。

 一三：五 丨人名

 一：四七 丨人名

 一：六五 丨人名

 一：六八 丨人名

 一：一〇二 丨人名

 三：六 丨人名

 三·二五 丨人名

 九二·四一 丨人名

 九二·四四 及丨子

 九八·一 丨人名

 九八·二八 丨人名

 一五六·四 丨人名

 一八〇·一 丨人名

 一六五·九 馬丨馬

一六五・九 其它類殘片

一九四・二 ｜人名

一九八・三 ｜人名

二〇〇・五 ｜人名

二〇〇・一六 ｜人名

二〇〇・三三 ｜人名

二〇〇・五七 ｜人名

二〇〇・七〇 ｜人名

探八㊂·三 其它类残篇

探八㊂·三 其它类残篇

文二十七 重十五

檢字表

之 六五　子 一五六　女 一三二

四畫

元 一　五 一五五　木 六三　不 一二九　夫 一一八　犬 一二四

井 五六　友 二六　中 四　内 六一　少 七　父 二七

公 七　今 五九　牛 八　午 一五八　勿 一〇九　氏 一三四

仁 九二　半 六七　月 七六　丹 五八　[illegible] 七二　[illegible] 七三

文 一〇六　心 一二八　丑 一五七　弔 九二　以 一五七　比 九五

五畫

六畫

七畫

九畫

十一畫

舒 一五七
産 六七
陽 一五二
隋 四四
婚 一三二
敢 三八

十二畫

十三畫

十四畫

十五畫

十八畫

十九畫

二十至二十四畫

合文

後記

侯馬盟書字表是筆者四十年前的一部舊稿，雖曾刊佈，但終未單獨印行，於讀者多有不便。二〇一五年夏，筆者藉侯馬盟書出土五十周年的契機，着手編撰侯馬盟書字表新編，字表新編較原字表有以下三點改進；一在體例方面，由以文字筆畫簡繁為序，改依說文部首為序。二吸收學界近四十年來新的研究成果，改正一批原誤釋之字。三對重文的選錄，作了擴充，由一千餘字增加至三千餘字。相信字表新編的問世，能為讀者研究侯馬盟書提供些許便利。

本編獲李學勤先生應允爲之賜序，黄錫全、蔡敏先生熱心幫助審稿，在此均深表感謝。限於筆者水平，書中錯誤疏漏之處在所難免，敬請讀者不吝指正。

張守中

二〇一六年三月廿五日於河北省文物研究所